SKY캐슬을 넘어서

: 교육학으로 분석한 대한민국의 입시욕망

SKY 캐슬을 넘어서 : 교육학으로 분석한 대한민국의 입시욕망

초판 1쇄 발행_ 2019년 4월 15일

지은이_ 정민승
펴낸이_ 이성수
주간_ 김미성
편집_ 황영선, 이경은, 이홍우, 이효주
디자인_ 진혜리
마케팅_ 김현관

펴낸곳_ 올림
주소_ 03186 서울시 종로구 새문안로 92 광화문오피시아 1810호
등록_ 2000년 3월 30일 제300-2000-192호(구:제20-183호)
전화_ 02-720-3131
팩스_ 02-6499-0898
이메일_ pom4u@naver.com
홈페이지_ http://cafe.naver.com/ollimbooks

ISBN 979-11-6262-019-9 03370

이 도서의 국립중앙도서관 출판예정도서목록(CIP)은 서지정보유통지원시스템 홈페이지(http://seoji.nl.go.kr)와 국가자료공동목록시스템(http://www.nl.go.kr/kolisnet)에서 이용하실 수 있습니다.
(CIP제어번호 : CIP2019012185)

교육학으로 분석한 대한민국의 입시욕망

SKY캐슬을 넘어서

올림

책머리에

'우리 예서'들을 위하여

너무너무 서울의대 가고 싶어서 진짜진짜 열심히 산 우리 예서는 어떡하라고. 예서 불쌍해요. 서울의대에 보내주세요!

시청률이 본격적으로 상승세를 타기 시작할 즈음, 둘째 딸이 최다 트위터라며 보내온 메시지였다. 눈앞의 자기 이익만 챙기는 철딱서니 없는 예서에게 이토록 애정 가득한 청원이라니. 내가 잘 모르는 청년들의 세계가 존재하는구나. 그러더니 얼마 지나지 않아 '노콘준상'이 다시 최다 트

윗을 차지했다. 콘돔을 쓰지 않는 강준상의 별칭이었다. 이런, 혼외자녀가 있는 남자라고 '노(No) 콘돔'으로 접근하다니. 스카이캐슬 인물들에 대한 별칭과 애증, 패러디가 스카이캐슬 현상을 만들어내고 있었다.

스카이캐슬 방영 이후 저학년 자녀를 둔 학부모들의 코디 문의가 늘었다.

거의 매일 스카이캐슬과 관련된 내용이 기사화되었다. '스카이캐슬 현상'의 중심에는 교육이 아니라 '코디와 입시'가 있었다. 부모들은 체온 손실 없고 정서 안정에 도움이 된다고 하는 스카이캐슬 책상을 구매했고, 유능한 코디를 궁금해하며 물색하기 시작했다. 아이를 입시지옥으로 밀어넣는 한서진에게는 연민을, 정의감 넘치는 이수임에게는 냉소를 보냈다. 김주영은 네티즌에게도 여전한 '쓰앵님(선생님)'이었고, 강준상은 마마보이보다 '노콘'의 아이콘이 되어갔다.

왜 스카이캐슬은 '현상'이 되었을까?

그저 드라마일 뿐이었는데, 스카이캐슬은 상품으로, 코디 섭외로, 급기야 마지막 회 재제작을 바라는 청와대 청원으로까지 이어졌다. 생활에 개입하고, 삶을 바꾸고, 화제를 이끌었다. 무엇이 이런 현상을 낳게 했을까? 이 책은, 이런 궁금증에서 시작되었다. 스카이캐슬에는 우리 삶의 해석채널을 보여주는 예리함이 있었고, 드라마의 물줄기를 튕겨내는 트위터에는 재기발랄함이 넘쳐났다. 하지만 그것만으로는 '현상'이 되기 어렵다. 그것만으로는 사람들의 '내면'을 건드릴 수 없기 때문이다.

광풍의 중심에는 오래되고 강고한 입시가 있었다.

대한민국에서 입시는, 대학을 가기 위한 제도에 머무르지 않는다. 그것은 그 안에서 두려움과 분노와 즐거움이 창출되는, 그렇게 해서 '한국사람'을 만들어내는 틀(frame)이다. 입시를 둘러싼 경쟁과 잔소리와 시선 속에서, 우리는 겨우겨우 혹은 치열하게 스스로를 형성한다. 한 사람의 정체성은 그의 내면에 있는 것이 아니다. 그 사람을 하나의 주체로 구성한 다른 많은 사람들의 목소리와 시선과 부딪힘과 어루만짐의 묶음이다.

오랜 세월, 입시에 대한 열망이 꺼진 적이 없었다.

그리고 지금은, 입시의 수레바퀴가 가속도를 내고 있다. 가족은 입시공동체가 되고, 엄마는 헬리콥터 맘이 되어 입시를 향해 달린다. 아이들의 깔깔대는 웃음과 부모의 흐뭇한 미소는 그 바퀴에 치인다. 수레바퀴를 잠시 세우고 잘 들여다본다면, 입시 속에서 나를 꺼내볼 수도 있을 터다. 캐슬의 인물들을 찬찬히 보았다. 의외로 우리를 닮았다. 가족의 역동을 보았다. 이 또한 우리 이웃 같다. 대한민국의 입시는, 그렇게 우리를 닮게 한다. 이 책을 통해 좀 더 많은 사람들이 그렇게 묶여온 '다양한 나'들을 볼 수 있었으면 좋겠다.

스카이캐슬은 현실의 만화경이다.

다양한 방식으로 대한민국 입시의, 엄마들의, 가부장들의, 경쟁의 민낯을 공개한다. 부끄럽고 우습고 안쓰럽고 대견하다. 입시욕망은 다양한 방식으로, 생각지 못한 불행 속으로 사람들을 몰아넣는다. 스카이캐슬은 그 자명한 사실을 살인사건을 통해 극적으로 보여주었다. 문제는 일상의 입시욕망은 계속되는데 드라마의 열기는 금세 식는다는 거다. 깨달음이 욕망에 묻혀버리기 전에, 얇은 책으로나마 대한민국을 뒤덮은 스카이캐슬을 톺아보고, 변화의 지점을 찾아보려 한다. 예서와 과도하게 동일시하는 수많은 '예서들'을 위해서.

SKY캐슬을 넘어서.

차례

2 스카이캐슬의 입시문법

3 캐슬 안의 가족들

1

인물들

_우리 주변의, 혹은 우리 자신인

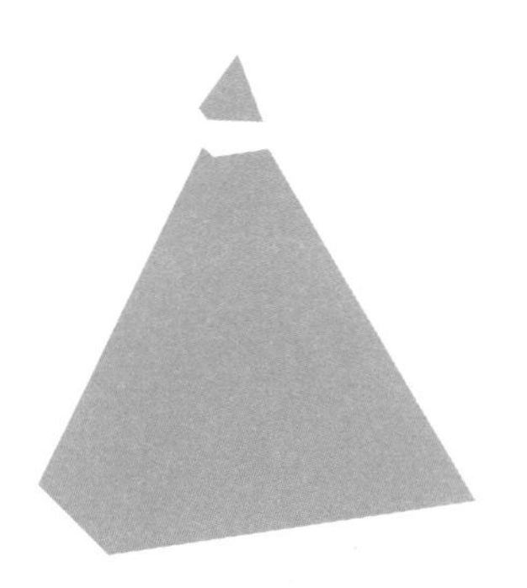

‘껍데기’인 아버지들

스카이캐슬에는 대한민국 최상층의 부유한 사람들이 산다. 우리의 주인공은 한국 최고의 주남대병원 임원급 의사들과 주남대 교수 가족들이다. 현실적으로 말하자면 서울의대-서울대 병원급 정도로 이어지는 0.1%의 인재들이 스카이캐슬이라는 사택에 산다. 입주권은 능력 있는 아버지로부터 오는 것이다.

이들은 코디에게 수십억을 건넬 정도로 부자임에도 불구하고 중류층의 입시강박에서 벗어나지 못한다. 상류층의 외양에 대중적 입시중독. 허구와 현실의 적당한 트위스

트 속에서 드라마는 시작된다. 3대째 의사, 그게 '가문'일까? 평범한 의사가 수십억의 코디 비용을 쉽게 쓴다? 그런 사람이 고작 병원장이 목표다?

따져보면 말이 안 되는 것이 한두 가지가 아니다. 사실은 바로 그렇게 비현실적인 세팅이 제시되기 때문에, 우리는 마음 편히 환상의 밥상을 받는다. 그런데 차려진 밥상이 의외로 맛있다. '공감'이라는 입맛을 돋우기 때문이다. 드라마의 디테일로 들어가면, 현실의 뾰족한 무게감이 우리 뒤통수를 친다.

"책상의 유리는 당장 치우셔야 합니다. 차가운 유리 때문에 자칫 체온이 떨어지면 다시 원래대로 체온을 올리기 위해 에너지가 소모됩니다."

아이들이 공부를 잘하게 하기 위해 이 정도의 인체공학적 지식이 동원되어야 했던가? 놀랍고도 흥미롭다. 허구와 실제의 적절한 비빔밥 속에서, 우리는 우리 내면을 보기도 하고, 감탄하기도 하고, 때로는 경악하기도 한다.

우선, 스카이캐슬의 입주권을 따낸 아버지들을 보자. 교수나 의사로 설정된 대한민국 최고의 엘리트인 이 주인공들은, 흔히 볼 수 있는, 그러나 도저히 어른이라고는 볼 수 없는 미성숙한 남자사람들이다. 그런데 사실, 우리 주변에 미성숙한 성인들, 많지 않은가.

강준상 | 헐렁한 마마보이

예서의 아버지 강준상. 나르시스트적 캐릭터다. 그는 나르시시즘[1] 속에서 사회적 성공을 양분으로 살아간다. 자뻑과 불통이 그의 아우라다. 승진만을 삶의 중심에 놓고 사는 사람으로, 관계에 대한 무감함에서는 타의 추종을 불허한다. 딸의 입시문제에 대해서조차 자뻑모드다. 왜 그렇게 돈을 쓰냐며, 자기처럼 머리가 좋으면 그냥 둬도 잘한다고 말한다. 나르시시즘 속에서, 그는 스스로의 힘으로 학력고사 수석을 하게 되어 있다고 믿는 것 같다.

한국의 전형적인 아버지들처럼, 그는 이중적이다. 그냥 두라고 말하지만 그렇다고 진짜 사교육을 안 시키다가 성적이 나쁘거나 입시에 실패하면, 엄청난 비난을 부인에게, 혹은 아이에게 퍼부을 것이 예상된다. 과정에는 관심이 없고 결과만 중요하다. 그의 현재 삶도 그렇다. 과잉진료하고 하지 않아도 될 수술을 권하면서 병원의 재정을 챙긴다. 병원장이 되기 위해서 그런 태도가 필요하다 여기기 때문이다. 그에게는 이기는 결과가 선이다. 그래서 보이는 성과는 훌륭하나, 내면은 비어 있다.

이런 인간들, 사실 우리 주변에 많다. 그래서 이런 인간의 유형을 나타내는 개념도 있다. '신자유주의적 주체'다. 우리 사회에 IMF 이후 급부상한 인간상은 능력 혹은 역량을 갖춘, 소위 '스펙'이 짱짱한 인간이다. 이들은 성공이 개인의 노력과 재능에 달려 있고, 실패를 하더라도 그 모든 책임은 자신에게 달려 있으며, 결과가 기대에 미치지 못했을 때 굴욕과 죄의식 수치심, 분노 등을 안고 살아간다. 왜? 외형적 성공이 없이는, 즉 출세나 재력 없이는, 내적으로 인정받지 못하기 때문이다. 강준상은 이런 유형의 전형이다.

그 책임은 1차적으로 강준상의 어머니에게 있다. 강준상은 50세가 다 된 '상어른'이지만, 여전히 강남키드(kid)다.

어려울 때마다 어머니를 부르는 마마보이이다. 심지어 어머니에 대한 극단적 반감이 드는 순간에도 그는 어머니를 찾는다. 어머니 윤 여사 역시 강준상을 자신이 “만들었다”고 말한다. 강준상의 내면에는 윤 여사가 있고, 윤 여사의 사랑의 눈길이 강준상 스스로에게 그대로 투영되니, 나르시시즘이 된 것이다. 혜나 사건이 일어나기까지 강준상에게 갈등이란 존재하지 않는다. 선명한 가이드라인이 늘 존재하기 때문이다.

하지만 강준상은 완전한 마마보이는 아니었던 것 같다. 나중에 그가 외치는 대로, 강준상은 “어머니가 시키는 대로 공부하고, 의사가 되고, 센터장이 되고, 그래서 병원장이 되기 위해” 절치부심했지만, 연애는 항상 삐딱했다. 첫사랑 은혜도, 두 번째 사랑 한서진도 윤 여사의 눈에는 절대 들 수 없는 집안, 혹은 학력의 여자들이다. ‘무의식적 배반’이라 말할 수 있는 이 배우자 선택의 과정으로 인해, 강준상은 극의 말미에서나마 자신의 목소리를 낼 수 있었던 것이다. 강준상은 틈새가 조금은 벌어져 있는 마마보이였다.

한서진은 남편 강준상을 두고 "감정적이어서 무슨 짓을 할지 모르는 사람"이라고 말한다. 윤 여사의 계보를 잇는 한서진이 보기에, 강준상은 전략적인 치밀함이 턱없이 부족하다. 예컨대, 사랑이라는 우물에 푹 빠져 허우적거릴 수도 있는 사람이다. 강준상이 드라마 후반, 자기 인생을 처절하게 반성하는 모습은, 그가 가지고 있던 엄마에 대한 유일한 반역, 연애의 에너지에서 유래하는 것이라고 해도 과언이 아닐 것이다.

차민혁 | 괴팍한 출세주의자

입시에 아버지를 등장시키면서 입시의 세계관을 적나라하게 쏟아내는 문제적 인물은 차민혁 교수다. 입시는 출세를 보장하며, 사회적 성공만이 모든 인간을 평가하는 척도라고 보기 때문에 자식의 성적을 위해 온 힘을 쏟는다. 개천에서 용난 남자 '개룡남'으로, 서울대 법대를 우수한 성적으로 들어가 나름 성공을 했지만, 피라미드의 꼭대기에 도달하지는 못했다는 억울함을 가지고 사는 사람이다. 육군참모총장에 국회의원까지 지낸 장인을 디딤돌로 삼아

정계를 거머쥐고 싶었으나, 이마저도 정권 교체로 불가능해진다.

사정이 그러하니, 자신의 못다 이룬 꿈을 자식을 통해 이루고자 한다. 하버드에 유학 중인 딸 세리에 이어, 쌍둥이 아들을 하나는 법조인으로, 하나는 의사로 키워 한국의 '케네디가(家)'를 이뤄보겠다는 것이다. 이를 위한 첫 단추는 대학 입시. 토론 그룹을 결성해서 지적으로 풍부한 책 읽기를 이끌어가는 박식하고 논리적인 교수임에도 불구하고, '성공 = 출세 = 입시' 라는 공식에 갇혀 있다. 그러다보니 논리의 끝은 이렇게 귀결된다. "친구가 죽어 모두가 슬퍼하는 그 순간이야말로 남을 앞지를 수 있는 '절호의 찬스'다!" 다들 멘붕에 빠져 있을 때 공부할 수 있는 자가 승리하게 될 것이기 때문이다.

그가 하는 말은 일관되다. 경쟁에서 승리해야만 사람대접을 받으며, 결과가 과정을 보상한다. 도덕적인 고민은 감정 낭비고, 결과적으로 입시에서 뒤처지게 되는 시간낭비를 초래한다! 많이 들었던 말 아닌가. 그래서 입시학원의 벽에서 읽었을 법한 차 교수의 외침은 코믹한 차 교수의 몸짓 속에서 심각함을 날려버린다. 많은 사람들이 숨막혀했던 경쟁의 문법, 적자생존의 법칙이, 듣고 보니 저런 코미디였다니! 입시경쟁의 이데올로기는 사람들이 웃어버리는 순간 아무런 힘도 갖지 못하는 그야말로 '허위' 의식에 불과한 것이다.

차 교수는 소위 '성공한 아버지'가 강력하게 입시에 개입할 경우, 어디까지 갈 수 있는지를 극명하게 보여준다. 공부를 못하거나 목표를 달성하지 못하는 것은 의지박약에 다름 아니며, 입시를 위해 경제적이건, 인적이건, 자원을 동원하는 것은 능력이 있으면 해야 할 당연한 일이다. 딸이 가짜 하버드생임이 밝혀지고 나서도, 부인이 이혼을 선언하고 나서도, 차 교수의 입장은 한 치의 변화가 없다. 자기 말을 듣고 열심히 공부하라는 것이다.

왜? 자기가 언제나 옳았고, 사회가 그 옳음을 보장해주었기 때문이다. 그는 이렇게 생각한다. '내가 옳다. 가족들은 정말로 세상을 모르고 무지하다.' 어처구니없어 보이지만, 한 발짝 떨어져서 보자. 차 교수가 언제 한 번 정면에서 반대에 부딪힌 적이 있었을까? 주변에는 온통 '가르침을 줄' 학생들만 가득한데, 접하는 사람들을 존중해야 한다는 생각을 한 경험이 있었을까? 당연히 나이 어린 자녀들, 주부인 부인의 의견을 듣는다는 건 그의 선택지가 아니다.

차 교수만 그럴까? 우리는 자식이 가짜 학생임을 알게 되었을 때, 대외적 체면과 아이에 대한 걱정 가운데 어떤 마음이 먼저 들까. 아이에 대한 배신감이, 힘들었을 아이의 마음보다 더 먼저 일어나지는 않을까. 우리 사회의 성공한 남자 어른들은 이런 '옳음 증후군'에서 과연 얼마나 자유로울까.

우양우 | 눈치 빠른 순종주의자

또 하나의 인물은 떨어질 떡고물을 열심히 따라다니는 우양우다. '슈퍼 을(乙)' 정도의 감수성이랄까? 권력자에게 약하고, 약자에게 강하다. 이 역시 상당히 익숙한 우리 사회의 인간형이다. 그는 늘 줄을 잘 서고, 뒤떨어지지 않기 위해 절치부심한다. '라인'에서 벗어나지 않는 것이 최대의 목표다. 허리가 아파 수술대에 누웠을 때조차도, 상급자의 눈치를 본다. 최고가 아니라, 최고의 주변에 있어야 한다는 것이 그의 목표다.

어떤 일이 생겨도, 설혹 이웃집 아이가 살인사건으로 체포되더라도 그는 '입을 닫고 있을 것'을 주문한다. 책을 읽지 않지만, 읽은 척하기 위해 인턴에게 책을 요약하라고 지시한다. 병원장이 왜 새 의사를 채용했는지, 어떤 기사가 돌고 있는지, 빠르게 정보를 모아 상급자에게 알려주고 지시를 기다린다. 존경 또는 자존의 마음은 없다.

찌질하다고 할 수밖에 없는 캐릭터임에도 불구하고, 우양우에 대한 비난은 거의 없다. 그는 '중간자'로 상급자의 폭압을 그저 하급자에게 전달하는 수준으로 살고 있고, '살아가기 위해' 입다물고 있을 뿐이기 때문이다. 잘못이 있다면, 너무나 일상적으로 일어나기 때문에 누구도 문제제기하지 않는 그런 사소한 갑질들에 조금도 저항하거나, 자기 선에서 단절하지 않는다는 점이다. 그는 사회를 그저 '재생산'한다.

그래서 우양우는 "가장 현실감있는 캐릭터"가 된다. IMF 이후 유연한 노동시장이 창출된 상황 속에서 평생직장은 없어졌고, 상사의 상태를 간파하는 것은 쫓겨나지 않기 위한 조건에 속한다. 분명히 얄미운 짓을 함에도 불구하고 우양우는 '생존하기 위해 눈치를 보는 위치'라는 점에서 공감을 얻게 되는 것이다.

사람은 없고 역할만

사랑은 없고 권력만

이 세 명의 '성공한' 남자들은 껍데기 엘리트들이 사는 방식을 극단적으로 보여준다.

마마보이거나, 성공만 추구하거나, 권력을 더 가지기 위해 아첨하거나.

인간이 타인의 인정을 갈구하는 존재라는 점에서 보면, 이들의 권력에 대한 지속적인 갈증은 근본적으로는 부모에게 제대로 인정받지 못한 결과일지도 모른다. 그들은 스스로를 성찰하지 못한 채, 자기 아이들에게 '인정을 보장하는 성적'을 또다시 강요한다.

이들의 삶에서는 출세 혹은 승진으로 대표되는, 사회적 서열의 꼭대기로 향하는 투쟁만이 존재하며, 입시는 그 투쟁의 한 지점이다. 아버지들은 이 투쟁에서 성공한 사람들이다. 이 아버지들에게 주눅이 든 아이들은 성적에 얽매여, 메마르고 삭막한 경주를 시작한다. 사실 아이들이 바라는 것은 부모의 사랑과 인정이다. 하지만 경주가 시작되면, 부모에게 받고자 했던 무조건적 사랑이나 인정은 사라지고, 그 자리에 성적이라는 조건이 들어선다. 입시경주가 끝날 즈음, 사랑의 자리에는 분노가, 인정의 자리에는 경멸이 남는다. 누구는 죽고 누구는 경멸을 마음에 담으며 다시 레이스를 시작한다.

스카이캐슬에서 아버지들은 인격이 삭제된 껍데기에 불과하다. 사실, 너무나 많은 가정에서 아버지는 껍데기다. 돈을 벌어다 주는 껍데기, 배려는 없고 잔소리만 있는 껍데기, 내용은 없고 전통만 앞세우는 껍데기. 그래서 차 교수는 아이들을 숨막히게 통제하지만 코믹한 인격이 될 수 있는 것이고, 강준상은 나르시시즘 중앙에 있다가 갑자기 득도한 어른이 될 수 있는 것이다.

가부장제는 아버지가 차지하고 있는 위치만을 중시한다. 껍데기인지 알맹이가 있는 사람인지는 문제가 되지 않는다. 아버지는 집안의 대장이고, 사회적으로 출세했고, 돈을 벌어 온다, 끝. 이렇게 해서 입시에 성공한 엘리트 아버지들은 자기도 모르게, '사회적 지위= 훌륭한 인격'이라는 등식 속에서 가족들과의 소통은 삭제하고 있는 것이다.

2017년 통계를 보자. 한국 남성이 집에서 자녀와 함께 보낸 시간은 하루 평균 6분이었고, 육아휴직을 한 여성의 43%가 복직 1년 안에 사표를 냈다. 통계청이 발표한 '한국인의 삶의 질 종합지수'를 보면, 모든 영역의 삶의 질이 다 향상되었으나, 10년 전보다 후퇴한 항목이 하나 있었다. '가족·공동체' 영역이었다.

껍데기를 스스로 뒤집어쓴 엄마들

어머니, 어머니, 어머니.

반복해서 부를수록 울림이 더해지는 유일한 단어, 어머니.

묵묵히 믿어주고 뒤에서 지긋이 바라보던 행주치마 어머니들은, 시대가 지나 반짝거리는 미모의 매니저 엄마가 되어 나타났다. 여전히 아이들을 사랑하며 최선을 다하지만, 아이들을 믿기보다는 다그친다. 기대하기보다는 기대에 맞춰 끌어간다. 그 정점에 스카이캐슬의 엄마들이 있다. 그들은 캐슬의 실제 주인장, 입시의 중심축, 교육의 주도자이다. 사랑이라는 알맹이를 가지고 있지만, 입시로 인해 스스로 껍데기가 되어버린 엄마들. 이들은 아버지의 껍데기를 보호막으로 삼아, 습관적으로 아이들을 몰아간다.

"입시의 성공조건은 아버지의 무관심과 엄마의 정보력이다."

누구나 한두 번쯤은 들어보았을 이야기다. 그만큼 입시의 중심에는 엄마가 있다. 사실, 대부분의 입시를 다루는 문화물들에서 엄마는 중심에 있다. 엄마들은 아이들을 먹이고, 데리고 다니고, 설득하고, 위로하고, 협박하는 존재로 묘사된다. 실제로도 그렇다. 60년대부터 엄마의 치맛바람은 우리나라 교육열을 설명하는 데 빠지지 않았고, 이는 헬리콥터 맘, 매니저 맘 등으로 이어졌다. 엄마들이 아이들을 통제·조작해서 입시에서 성공하는 기계로 만들어낸다는 거다.

이런 구도에서 아버지는 엄마의 과도한 '이기적 욕망'을 나무라고 통제하는 존재로 자리매김한다. 대학 입시에 성공하면 성공한 대로, 실패하면 실패한 대로, 아버지에게는 면죄부가 주어진다. "우리 마누라가 그렇게 난리를 치더니 대학도 못 보냈네" 혹은 "우리 마누라가 그렇게 난리를 치더니 결국 서울대 보냈잖아." 엄마들은 성공하면 세속적 욕망의 화신이요, 실패하면 물정 모르고 돈만 써댄 '무개념 여편네'가 되는 것이다.

엄마들은 왜 자기의 꿈과 경력을 포기해가면서까지 아이들의 입시에 올인하는가? 어쩌면 페미니스트들의 말대로, 모성 이데올로기 때문일지도 모른다. 엄마는 자녀가 언제나 찾아가도 따뜻하게 품어주는 '고향과 같은 존재'가 되어야 한다. 어머니는 신과 인간의 가운데 어딘가에 위치하는 것처럼 묘사된다. 자신을 아낌없이 내주기에 거룩한 어머니!

그런데 이런 '엄마됨(mothering)'이 대한민국에서는 입시 매니저 역할과 연결된다. 양육이나 보육이 아니라, 입시를 담당하는 교육이 엄마의 중요한 역할이자 책임이 되고 있는 것이다. 전업주부는 직장을 다니지 않으니 더욱더 책임과 의무를 느껴야 한다. 김주영은 코디를 원하는 여러 엄마들 가운데 전업주부를 선택한다. 아이에게 '올인'하지 않는 엄마는 자격이 없다는 것이다.

모든 시간과 모든 에너지를 오로지 아이에게 쏟아부어야 '올인'이라는 건데, 이는 다시 말하면 엄마의 인생이 없어야 한다는 말이다. 이렇게 사는 것은 엄마가 아이의 성공과 자신의 성공을 동일시할 때만 가능한 일이다. 주변에서는 이런 생각을 부추긴다. 아이가 시험을 아무리 잘 쳐도 엄마가 대학에 대한 정보를 충분히 가지고 있지 못하면 떨어지는 것이 현실이다. 좋은 대학을 가면 엄마가 칭찬을 받는다. 대학을 잘못 가면 도대체 그 엄마는 뭘 한 거냐는 힐난을 받는다. 엄마는 아이의 양육이 아닌 입시의 최종 책임자로 호명되고 있는 것이다.

상황이 이러하니, 전업주부들은 입시에 신경을 쓰지 않을 수가 없다. 엄마라는 말 속에 입시책임자라는 내용이 자연스럽게 들어간다. 자기 이름이 호명되면 누구나 뒤돌아본다. 행위를 중지하고 뒤돌아보게 하는 것, 그것이 호명의 힘이다. "입시는 엄마 책임이야"라는 말을 자꾸 들으면, 엄마들은 입시에 온 힘을 쏟아붓게 되어 있는 것이다.

'엄마의 사랑과 책임'이 파놓은 사회의 함정이다.

스카이캐슬의 풍경도 우리 일상과 크게 다르지 않다. 엄마들의 모임에서 과외 팀이 꾸려지고, 서울의대 합격생의 학종(대학입학 학생부 종합전형) 포트폴리오를 누가 받는가를 둘러싸고 엄마들 간에 치열한 경쟁이 벌어진다. 학종을 위한 코디를 배정하는 최상위층의 설명회에서는 더 우수한 코디를 둘러싼 엄마들 간의 경쟁이 벌어진다. 직장맘은 아무리 노력해도, 이인삼각 경기인 입시의 한 축이 무너진 셈이므로 탈락이다.

아버지들은 차 교수처럼 강력하게 입시를 밀어붙이기도, 우양우처럼 부인을 추종하기도 하지만, 전방위적으로 아이들의 입시에 매달리지는 못한다. 아이들에게 전적으로 영향을 미치는 것은 엄마다. 그래서 남편들은 후경에 다소 코믹하게 배치되고, 엄마들은 포스터의 전면에 나선다. 엄마들의 고통을 알기에, 아무리 명품을 휘감고 나와도 안쓰럽고, 과도한 욕심쟁이들이지만 미운 마음이 들지 않는다. 한국사회의 입시를 우리도 알고 있기 때문이다.

한서진 | 영리한 헬리콥터 맘

예서의 엄마 한서진은 유별나지만 익숙하다. 대표적인 매니저 엄마, 헬리콥터 맘이다. 그녀는 빈곤했던 어린 시절 곽미향으로 살았던 삶을 끊어내고, 이름과 출신을 속이면서까지 '엄마 한서진'으로 발버둥치며 산다. 돈도 학벌도 없는 한서진이 자기 존재를 증명하기 위해서는 딸 예서가 서울의대에 들어가는 것밖에는 방법이 없다. 딸을 성공시켜 남편의 자리로 이동하게 하는 것, 즉 3대째 서울의대의 가풍(?)을 이어, 자신이 시어머니 윤 여사의 자리로 격상되는 것. 그것이 한서진의 목표다.

그러니 당연히, 다른 어떤 엄마보다도 한서진은 아이의 입시에 갈급하다. 입시를 위해서라면 어떤 짓도 할 수 있다. 불법과 파렴치? 문제가 되지 않는다. 한서진의 명민함 속에는 곽미향의 우격다짐이 있다. 그래서 한서진이 다급해지면 곽미향이 등장, "아갈머리를 확 찢어버린다"는 말이 툭 튀어나와 기선을 제압한다. 기민하고 야비하되, 솔직하고 당차다. 기를 쓰고 더 잘살고자 했고, 과도한 욕심은 늘 무리를 낳았다. 그래서 그녀는 늘 갈등 상황에 놓여 있다. 이것이 한서진이 미워지지 않는 이유다. 우리도 그러하기 때문이다.

목표가 지나치게 강하면, 그 목표에 방해가 되는 것은 무시하게 된다. 그것이 내적인 기준에 의해 성립된 도덕적인 원칙이라면, 더 쉽게 무너지게 되어 있다. 한서진도 마찬가지다. 한서진은 예서의 입시를 준비해가는 과정에서 인간으로서 지켜야 할 기준을 점진적으로 하향조정하게 된다.

김주영에게 코디를 받기 시작한 지 얼마 지나지 않았을 때, 옆집 아들 영재의 노트북을 보게 된 한서진은 코디를 포기하기로 결심한다. 그러나 아무도 스터디팀에 끼워주지 않는다. 대안이 없다. 다시 시작.

혜나를 입주하게 한 후 남편의 혼외 자식임을 알게 되자, 한서진은 혜나 입주를 권유한 김주영에게 달려간다. 너무나 파렴치한 김주영에게 치를 떨고 다시 그만두고자 한다. 그러나 예서의 성적이 떨어진다. 김주영밖에는 대안이 없다. 다시 시작.

마지막으로 김주영이 혜나를 살해했음을 알게 되자, 한

서진은 살인자에게 아이를 맡길 수 없다면서 한걸음에 달려가 그만두고자 한다. 그러나 김주영의 협박은 곧 그녀를 좌절시킨다. 김주영을 걸면, 시험지 유출로 만점 받은 딸 예서가 대학 입시를 포기할 수밖에 없게 될 것이기 때문이다. 다시 시작.

양심의 가책에서 범법의 상태에까지 이르게 된 지극한 갈등 속에서도 한서진은 계속 입시를 놓지 못한다. 시어머니와 남편의 인정의 근원이자 자기의 정체성이기 때문이다. 살인사건으로 트라우마에 빠진 예서 앞에 상장을 펴놓고 하는 말은 "이게 우리가 해온 일이야. 우리 네 시간도 못자고 여기까지 왔어. 한 학기만 더 참자"이다. '너'가 아니라 '우리'가 해온 일이다. 아이와 분리되지 않은 모성, 아이의 성적과 뒤섞여버린 정체성. 이것이 한서진을 곽미향으로 돌아가지 못하게 하는 힘인 것이다.

노승혜 | 우아한 가정수호자

이에 비하면 노승혜는 독립적이다. 대법관 손녀이자 국회의원이자 육군참모총장의 딸이라는 소위 '빵빵한 집안'

출신으로, 전체 캐릭터 가운데 가장 이상적(?)이다. 아이들을 위해 박사과정을 포기했고 그만큼 잘 키우고 싶은 마음이 가득하며, 인간에 대한 기본적인 예의와 선의를 가지고 있다. 노승혜가 어떤 일을 결정할 때 외부적으로 개입하는 힘은 없다. 하버드 대학에 다니는 줄만 알았던 딸이 가짜 학생이라는 사실을 알게 되었을 때조차, 노승혜가 고민을 나누는 사람은 없다. 귀족적 태도를 가지고 있으며 심성과 아비투스(habitus)[2]도 그러하다. 깊이 공감하고 깊이 사고하며 신중하게 결정한다. 그래서 그렇게 고독하게 내린 결론 역시 '딸을 이해하자'였다.

노승혜를 이렇게 훌륭하게 만든 건, 역설적이게도 남편 차민혁이다. 처음에 노승혜는 남편 차민혁에게 동조하며 남편이 시키는 대로 입시전략을 수행해나간다. 매우 보수적이었을 것으로 추정되는 가족 문화 속에서, 능력 있는 남편이 결정하는 것을 잘 보조하고 시키는 대로 하는 것이 모두에게 좋다고 느꼈기 때문일 것이다. 그러나 입시에 올인한 영재엄마의 자살이라는 결말이 그녀에게 비통함을 가져다주었고, 그 시각으로 자신의 가족을 보게 되었을 것이다. 이수임과의 만남은 일종의 탈출구로 작동하고, 노승혜는 드디어 자기만의 노선을 찾아나서는 것이다. 노승혜는 입시가 일종의 설국열차[3]임을 깨닫게 된다.

노승혜는 아이들과의 일체감이 매우 높은 것으로 묘사된다. 세 아이들의 태도는 엄마에 대해 따뜻함을 느끼며 안전함 속에서 자랐음을 알 수 있게 한다. 그녀의 말 역시 그녀의 입장을 잘 보여준다. "경쟁은 자기 자신하고 하는 거지. 남하고 하는 경쟁은 사람을 외롭게 만들거든. 엄마는 외롭지 않은 인생을 사는 게 성공이라고 생각해."

하지만 이렇게 아이들과의 일체감을 가질 수 있는 것은 노승혜가 부인이 아닌 자녀의 위치에 서 있기 때문이다. 남편 차민혁은 부인과 아이들을 늘 동급으로 대한다. 명령하고 지시하고, 무시하고 비난한다. 따라서 아이들과 엄마 간의 '연대'가 가능해지는 것이다. 마치 폭력남편 아래에서 엄마와 아이들이 함께 저항하는 것처럼 말이다.

따라서 노승혜가 부인의 자리로 돌아오기 위해서는 아이들과의 연대를 통한 아버지의 권력 축소가 필수적이다. 그 계기가 큰딸과 아버지의 대립이다. 큰딸 세리가 가짜학생임이 드러나면서, 세리는 자기의 목소리를 내기 시작한다. '하버드생인 척'할 때는 철저히 아버지의 코드대로 살 수밖에 없지만, '사실이 밝혀지고 나니' 자신의 욕구를 돌아보게 되는 것이다. 딸의 목소리는 동생들에게로, 엄마에게로 확산되기 시작한다.

어쩌면 차민혁은 딸에 대한 지극한 사랑으로, 가짜 학생 사건을 자신의 성찰기회로 삼을 수 있었을지 모른다. 하지만 차민혁은 하버드 코드를 선택한다. 딸은 자신의 입장을 호소하고 용서해달라고 빌지만, 아버지 차민혁의 시각은 여전하다. 세리는 "까짓 공부만 하라는 데 그걸 못하고 사기를 치는" 인간 말종일 뿐이다.

딸과 남편의 갈림길에서 노승혜는 단호하게 딸을 선택한다. "내 딸한테 손대지 마!" '우리 딸'에서 '내 딸'로의 전환. 아이들에게 손찌검을 하려던 남편 차민혁은 결국 두 아들에게 저지당한다. 남편과의 거리감을 아마도 처음으로 확보한 노승혜는, 이제는 어른 엄마의 자리로 돌아와 특유의 차분한 어조로 말한다. "얘들아, 아빠 밖으로 모셔라."

노승혜의 통렬한 반성문은 가부장적 아버지에서 가부장적 남편으로 이어지는 가족의 계승과정에서 그저 가부장의 권력이 유지되도록 돕기만 했던, 그래서 자신의 목소리는 한 번도 낼 수 없었던 우리시대 기혼 여성 일반의 고백일지도 모른다. 가족 안에 갇혀 외롭고, 가족을 대표하므로 자신의 욕구를 드러낼 수도 없는 상태에서, 노승혜는 오랜 세월 심리적으로 집밖으로 한 걸음도 나가지 못했던 것이다.『인형의 집』[4]의 노라처럼 말이다.

진진희 | 귀여운 기회주의자

우양우와 거의 비슷한 위치를 차지하고 있는 엄마는 진진희다. 진진희는 상황에 따라 한서진으로, 노승혜로, 이수임으로 계속 표류한다. 때로는 힘이 있는 사람에게, 때로는 정보를 위해, 때로는 안쓰러워서 그 편에 선다. 누구나 가지고 있는 비속함을 그대로 드러내며 어떤 차원에서건 조연으로 머무르는, 그래서 익숙하지만 역시 미워하기 어려운 인물이다. 진진희는 남편 우양우와 비슷하지만, 우양우가 '표류하지 않는 을'로서 강자에게 약하고 약자에게 강한 '일관성'(!)이 있었다면, 진진희는 '표류하는 을'로서 강강 약약의 태도를 보이는 '인간미'를 가지고 있다.

진진희는 사람들이 차마 이야기하지 못하는 숨겨둔 욕망, 혹은 치졸한 욕심을 대놓고 이야기한다. 세속적 욕망은 크지만 그걸 구현할 능력은 없으며, 돈은 있으나 치밀하거나 계획적이지 못하다. 끄는 대로 끌려간다. 아들과의 관계도 마찬가지다. 아들에 대한 사랑은 지극하나 실제로 아들을 통제하거나, 지적으로 장악할 수 있는 문화자본이 많지 않다. 부르디외(Pierre Bourdieu)라는 학자는 경제자본이 많은 부유한 계급은 자신들만의 문화코드를 발달시키며, 그것이 자녀에게 익숙하게 내면화되면서, 학교에서도 좋은 성적을 거둔다고 분석하였다.

예컨대, 학교에서 교사가 말하는 방식이나 언어는 노동계급에게는 낯설기 때문에 당연히 노동계급 자녀들은 학교에서 높게 평가받기 어렵다는 것이다. 예술적 취향이나 말하는 태도, 사용하는 용어 등 오랜 시간에 걸쳐 우리 몸에 스며들어 있는 이런 아비투스는 의외로 습득하기 어려운 일종의 문화자본이 된다. 이런 차원에서 보면 진진희는 등장인물 가운데 가장 노동계급적이라 볼 수 있는 인물인 셈이다.

세속적이고 지조 없어 보이지만, 순박하고 정이 많은 진 진희의 속내는 위기의 순간에 잘 드러난다. 아들이 가출했을 때 그녀는 온전한 마음으로 사과하고 아들을 받아들인다. 살인용의자로 우주가 잡혀가고 나자, 예서 엄마의 통제 속에서도 예서가 싸운 사실을 밝힌다. 늘 주변을 맴돌고 작은 권력을 탐하지만, 인간에 대한 기본적 애정이 있는 사람이다.

미워할 수 없는 세 여자 | 귀엽거나 안쓰럽거나 불편하거나

미워할 수 없는 이 세 엄마들의 행동양상은 예법(manner)에 대한 태도에서 분명하게 구분된다. '교양 있다' 혹은 '세련되었다'라는 말을 떠올려보자. 누가 가장 교양 있고 누가 가장 그렇지 않은가? 『문명화과정』을 쓴 사회학자 엘리아스(Norbert Elias) 는 서구의 '문명' 개념이 에티켓에서 발원했음을 밝히면서, 매너와 교양, 세련이 동의어로 사용되었음을 언급한다. 밥을 먹다가 배에 가스가 찼다고 생각해보자. 아마도 노승혜는 참거나 밖으로 나갈 것이고, 한서진은 상황에 따라 행동할 것이다. 진진희는? 거침없이 방귀를 뀔 것이다.

양반이나 귀족이 가지고 있는 자기수련적 태도는 한편으로는 억압이지만, 한편으로는 인간의 품격을 보여주는 것이기도 하다. 이런 차원에서 보면, 진진희는 미분화된 상태, 한서진은 분열적 상태로, 노승혜는 과잉억압의 상태로 진단할 수 있을 것이다.

미분화는 예법에 대해 충분히 알지 못하는 상태, 혹은 예법이 몸에 배어 있지 않은 '어린아이의 상태'다. 진진희는 자기가 원하는 대로 행동하며, 거침없이 생각을 쏟아낸다. 그런데 밉지는 않다. 왜냐, 어린아이와 같기 때문이다. 어린아이는 우리의 추억을 되살린다. 그래서 미소가 퍼진다. 어린아이에 대한 감정은 자신의 순수했던 상태를 그리워하는 마음에서 비롯되는 호감이다. 어린아이 같은 사람을 우리는 기본적으로 좋아한다. 그래서 동그랗게 눈을 뜬 진진희를 보면 세속적 욕심에도 불구하고 미워할 수가 없는 것이다.

예법과 관련해서 보면, 진진희는 발달 전의 미분화 상태다. 참거나 머물거나 지지하거나 지켜주는 것에 익숙하지 않다. 어린아이는 상벌에 민감하다. 자기에게 야단치는 부모가 있으면 그 말을 따르고, 자기에게 사탕을 주는 어른이 있으면 그 말을 듣는다. 외부적인 도덕률이나 사회적 규칙에 이르지 못한 아이의 상태, 그래서 자율과는 거리가 아주 먼 상태가 어린아이의 상태이다. 진진희와 그 남편은 그 상태에 머무르고 있는 것이다. '즉자적'이라고 할 수 있는, 쾌와 불쾌의 원리에 따라 행동하는 것이다.

진진희의 반대편에 노승혜가 있다. 명문가의 '핏줄'을 이어받은 노승혜는 몸 자체가 예절이다. 어릴 적부터 생활 전반에 스며든 규율로, 노승혜는 어지간한 어려움이나 억압은 너끈히 넘기며 자랐을 것이다. 그래서 어른의 태도가 스며들어 있다. 매너의 여왕. 차민혁의 가부장적 태도도 관용으로 수용한다. 마음의 한가운데에는 그런 문제를 잘 참아내는 것이 인격이라는 믿음이 있을 터이다.

문제는 아마도 그것이 과잉일지 모른다는 점이다. 노승혜의 매너는 완벽하다. 그러나 이는 역으로 내면이 완전히 억압될 수도 있다는 위기감을 일으킨다. 인형과 같은 조작된 표정, 지혜로워 보이나 동시에 어리석어 보이는 행동들은 아마도 과잉억압의 결과일 것이다. 다행히(!) 차민혁의 과도한 폭력적 행동은 노승혜의 내면을 일깨우고, 노승혜는 그 힘으로 집을 나선다. 다만, 노라와 달리, 아이들과 함께 말이다.

이런 면에서 보자면, 한서진의 이중성이야말로 가장 대중적이고 일반적이다. 자기 이익과 관련된 타인과 만날 때는 너무나 우아하고 예절을 지키지만, 그 예법에 가려져 있는 내면에는 욕망이 가득하다. 배우 그레이스 켈리를 연상시키는 외모와 자세로 밖에 나서지만, 그 안에는 예서를 서울의대에 보내고야 말겠다는 욕망이 가득차 있다. 그것이 건드려지면 "아갈머리"가 튀어나온다.

한서진은 답답하지만, 곽미향은 거칠다. 너무나 다른 두 인간이 공모하는 지점 역시 두말할 것 없이 입시다. 우리가 한서진을 미워할 수 없는 까닭은 우리도 상황에 따라 연기하고, 비도덕적 태도를 간신히 덮어가며, 사회적 인정에 대한 갈구 속에서 살고 있기 때문인지도 모른다. 진진희는 귀엽지만 철이 없고, 노승혜는 부럽지만 안쓰럽다. 한서진은? 내 옆에 세워진 거울 아닐까. 다소 볼록한, 너무 많이 보여져 불편한 거울 말이다.

선과 악의 이데아, 입시코디와 동화작가

김주영 | 세뇌전문 루시퍼

“나한테 천벌받을 년이라고 했지? 너도 영영 나오지 못할 지옥 불에서 살아봐.”

엘리베이터 문을 사이에 두고 김주영이 아들을 감옥에 보낸 이수임에게 한 말이다. 자신의 악행이 그녀로 인해 생겼음을 명료하게 인식시키는 끔찍한 대사.

그 이후 이수임은 아들 우주의 고통이 자기 때문에 벌어진 일이라고 여기며 오열하게 된다. 피해자가 자기 탓이라 생각하게 하여 극단적 좌절로 몰아가는 것. 김주영이 일하는 방식의 프로토콜이다.

입시 코디 김주영은 인간이라기보다는 순수 악에 가깝다. 인간으로서는 도저히 할 수 없는 악행을 아무렇지도 않게 저지르기 때문이다. 외모 역시 여느 인간과 차별적이다. 완벽하게 빗어 올린 올림머리, 타이트한 검은 양장, 검은 구두. 그녀가 등장할 때마다 겹쳐지는 슈베르트의 가곡 '마왕'은 김주영을 '인간계'에서 더 떼어놓는다. 엄마들의 극단적인 입시의 욕망을 한 몸으로 체현하고 있는 입시의 화신이라는 점에서도 김주영은 인간계 위 어딘가에 군림하는 것처럼 보인다.

김주영이 하는 말을 보면 마왕적 집착은 좀 더 분명해진다.

"어머님은 저를 믿기만 하시면 됩니다."

"말했지 않습니까. 제 목표는 서울의대 합격입니다."

목표는 입시 100% 성공. 그리고 그에 대한 절대적 신뢰.

이 두 가지로 김주영은 신의 지위를 스스로 획득한다. 인간이 할 수 있는 일은 '믿기만 하는 것'이며, 이를 위해 김주영은 학생과 학생의 집을 무력화한다. 사이비 종교 교주가 교인들을 의존적으로 만드는 것처럼 말이다. 사람들이 신적인 존재를 더 믿고 의지하도록 하려면 철저히 무력해져야 한다.

사람들을 무력하게 만드는 일은 의외로 어렵지 않다. 대개의 부모가 가지고 있는 특징은 입시를 위해 뭐든지 할 수 있는 열정을 가지고 있다는 것이다. 김주영이 처음 한서진을 선택하게 되는 이유는 '전업주부'이면서 '충분한 서포터'로서 살아왔기 때문이다. 엄마가 전업주부가 아닐 경우 배제된다. 여유 있게 입시를 바라보는 사람들도 배제된다. 엄마가 절박할수록 아이의 멘탈은 약할 가능성이 많으며, 전업주부일수록 아이의 성공과의 동일시가 강할 것이기 때문이다.

악이 파고들어가기 시작하는 지점은 아이에게 부족한 1%이다. 대개 코디건 과외선생이건, 부모는 그 1%를 채우는 역할을 담당한다고 생각한다. 하지만 김주영은 그 반대의 전략을 구사한다. 부족한 1%를 10%로 늘리고, 이어서 50%로 확대시킨다. 그 확대의 과정은 자기의 권력이 증대하는 시간이기도 하다.

가만히 생각해보자. 사교육에 대한 의존도는 어떻게 해서 늘어나게 되었을까. 처음에는 아이가 원하는 만큼이 아니었을까? 그것이 사교육 시장의 논리에 따라 점점 늘어나고, 아이의 마음이 아니라, 기능이 늘어감에 탄복하면서 계속 학원에 대한 믿음을 키워가지 않았던가. 김주영은 이를 극대화한다. 아마도 의존도가 100%에 도달해가는 어느 시점에, 엄마 혹은 아이는 삶을 마감했을 것이다.

예서가 김주영에게 의존하는 과정을 보면, 김주영 코디의 성공은 완벽한 정보와 고도의 심리전으로 인한 것이다. 예서는 원래 성적이 좋은 학생이었다. 그러나 엄마가 '선지나 팔던 가게의 딸 곽미향'이라는 사실을 알고 나서 심리적으로 불안해진다. 정체성까지 흔들린다. 한서진은 자신의 과거를 포장하는 과정에서, 예서에게 '좋은 핏줄'임을 강조하며 키워왔기 때문이다.

이런 예서의 상태는 사실 김주영이 바라던 바다. 성적이 흔들려야 더 의존하게 되고, 그런 상태에서 심리적 불안을 관리해주어야만 코디로 인해 전교 1등을 하게 되었다는 믿음을 가지게 되기 때문이다. 불안을 유발하고 자신에게 의존하게 만드는 과정을 통해 김주영은 유일하게 믿을 수 있는 어른의 자리를 차지하게 된다.

김주영이 엄마 한서진에게 늘 하는 말은 이렇다.

"어머니는 예서의 마음만 편하게 해주시면 됩니다."

혹시라도 예서가 정서적으로 불안정해진다면, 그건 엄마 탓이다. 부모는 자식에게 언제나 취약하다. 어떻게 입시경쟁 속에서 마음이 편할까? 어떤 상황이 되건 부모는 부족한 부분을 떠올리게 되어 있다. 이들의 대(對) 부모전략은 죄책감을 유발하는 것이 제1의 원리다. '마음만' 편하게 하라고 했으니, 만약 성적이 좋지 않다면, 그것은 딱 하나 요구한 것을 수행하지 못한 엄마 탓이다.

더불어 예서에게 소위 '멘탈관리'를 위해 계속 주입하는 말은 이렇다.

"누구도 믿지 마라. 네가 맞는다고 생각한 답도 믿지 마라."

이것은 자신 없는 문제를 틀리게 하는 전형적인 멘트다. 예서는 당연히, 시험볼 때 체크한 답을 바꾸고, 결국 틀린다. 이렇게 흔들리는 멘탈로 진입시킨 결과, 김주영은 예서를 완전히 장악하기에 이른다. 늘 1, 2등을 다투던 예서가, 김주영의 자체 측정 시험에서 '예측 등수' 44위를 기록한 것이다.

김주영에게 절호의 찬스라 아니할 수 없다. 시험지를 빼돌리건, 성적 조작을 하건, 부모는 매달리게 되어 있다. 어떤 불법적인 일을 해도 되는 조건이자, 예서 부모를 당당하게 나무랄 수 있는 조건이 확보된 것이다. 아이가 함정에 빠진 상황에서 부모는 완전히 진퇴양난의 처지에 빠지게 되는 것이다. 김주영은 예서의 가족과 관련된 모든 정보를 가지고 있다. 그러니, 예서가 시험을 잘 보지 못할 경우, 그 이유는 가족 문제가 된다. 엄마가 곽미향이라는 것, 아버지에게 혼외 자식이 있다는 것, 친구의 죽음에 대해 엄마가 자신을 의심한다는 것. 이런 것들은 김주영에게 꽃놀이패다. 교육이 아니라 권력이 목적이기 때문이다.

예서의 능력이 떨어지는 것은, 김주영이 바라던 바다. 마음이 급한 부모들은 시험지 불법 유출이나 성적 조작도 마다 않을 것이다. 다들 알다시피, 이는 실제로 자행된 일이었다. 교무주임이던 엄마가 시험지를 아이들에게 건네기도 하고, 교사가 내신성적을 조작하기도 했다. 문제는 이들의 행동에, 반쯤 동의하는 사람들이 적지 않다는 것이다. "내가 그 자리에 있었으면 나도 불법행위를 하지 않았을까? 내 아이의 앞길이 걸렸는데?"

그걸 김주영은 알고 있다. 부모들 스스로 선택한 악행이다. 예서 엄마 한서진은 계속 그 고리를 끊고자 김주영을 만나지만, 덫은 빠져나오려고 할수록 더 깊게 걸려드는 법이다. 김주영은 때로는 예서의 마음을 장악해서, 또 때로는 서울의대 카드를 제시함으로써 한서진을 빠져나가지 못하게 한다. 한서진은 점차 악의 고리의 한 축으로 자리잡게 되는 것이다.

영재의 입시 역시 유사하게 전개된 것으로 보인다. 영재는 공부를 별로 좋아하지 않는 다소 평범하고 여린 학생이었다. 그 아이는 입주해 있던 가난한 도우미 가을이를 좋아했고, 부모는 가을이와의 관계를 당연히 반대했다. 김주영은 부모와 자식의 관계를 한껏 벌려, 영재가 부모에게 복수심을 가지고 시험을 잘 보도록 하게 만든다. 가을이에게 부모가 행했던 가혹한 행동을 영재에게 알리는 정보전은 물론이다. 이렇게 해서 영재는, 부모가 가장 기뻐할 합격의 순간에 찬물을 끼얹고 떠나며, 그 분노를 직면한 영재의 엄마는 더 이상 살아갈 수 없었던 것이다.

왜 이렇게까지 했을까? 김주영 스스로 고백하듯이, 상류층이 자기 아이를 위해 과도하게 입시제도를 악용하고 수억 원의 사교육비를 쓰는 것이 역겨웠기 때문이다. 아이가 망가진 자신의 트라우마를 건드리기 때문이다. 그래서 드라마는 과장되고 과도하다. 하지만 그와 유사한 사고의 틀이 여전히 우리 사회에서 작동하는 건 아닌지 질문을 던질 필요가 있다.

코디 혹은 학원에 대해, 강준상의 어머니 윤 여사는 '쓰다버리는 참고서'라고 부른다. 그걸 이들도 알고 있다. 선생의 위치에서 선생이라고 불리지만, 유통기간이 지나면 폐기되는 쓰레기. 하지만 참고서와 달리 선생은 아이의 인격에 개입한다. 1% 부족한 아이가 입시에서 완벽하게 성공하려면, 아이가 다른 존재로 전환되어야 한다.

김주영은 아이를, 자기 이익을 충실하게 지키는 '도구적 인간'으로 개조한다. 아이는 시험을 잘 보기 위한 분노로 가득찬 인간이 되거나, 아무 죄 없는 친구를 의심함으로써 자기 공부에 집중하는 메마른 인간으로 변형된다. 아마도 예서가 김주영의 사무실에서 혜나의 열쇠고리를 발견하지 않았다면, '예서 개조 프로그램'은 성공했을 수도 있다.

사람은 기대받은 대로 변해가는 존재다. 학교나 학원에서 근무하는 교사나 강사도 그렇다. 부모들이 선생을 믿지 않으면, 선생은 아이들과 인격적 관계를 맺을 수 없다. 교사들은 상당수가 자신이 학원 강사보다 우습게 취급당한다고 느낀다. 학원은 잘 가르치니 신뢰하지만, 학교는 무능한 교사 천지니 당신도 믿을 수 없다는 태도라는 거다. 그런가 하면 학원강사들은 교사로서의 대접은 꿈도 못 꾼다고 말한다. 자신들은 그저 입시시장의 필요에 따라 선택된 지식전달자라는 거다.

우리가 만든 사회가 이러하다. 입시를 둘러싼 어떤 주체도 정상적인 위치에 서 있지 못하다. 당연히, 입시에 최적화되어 생겨난 직종인 코디는 아이가 다양한 능력을 갖춰 대학에서 찾는 인재로 커나가도록 총체적으로 돕는 사람이 아니라, 입시라는 설국열차에 아이를 승차시키는 사람이 되고 만다. 한번 올라타면 입시열차는 "어떤 관계에도 신경쓰지 말고, 오직 자기의 성적을 위해 올인하라"라는 메시지를 던진다. 엔진을 가동시키는 힘은 불안과 분노다. 시험을 못 볼지도 모른다는 불안, 경쟁자 혹은 부모 혹은 대입제도에 대한 분노. 이런 부정적인 에너지를 퍼올리면서 입시열차는 가속화된다.

부모에게 입시는 강렬한 욕망이고, 코디는 그것을 더 강렬하게 만든다. 아이는 철저히 도구적 사고만을 하게 되어간다. 입시욕망이 한번 작동하면, 인간으로서의 최저선이 뚫린다. "이 친구는, 이 경험은, 이 행동은, 이 말은 입시에 어떻게 도움이 될까?" 이렇게 해서, '김주영=한서진'이라는 공식이 완성된다.

윤 여사는 "선생은 입시까지만 썼다가 버리는 학습지 같은 존재야"라고 김주영의 존재를 일축하지만, 김주영은 "그들에게 욕망이 있는 한 우리는 그들 위에 군림해. 영혼은 파괴되는 거지"라고 답한다. 입시논리의 정점에 김주영이 있다. 김주영은 부모들에게 갖은 수모와 협박을 받지만 한결같은 미소로 답한다. 미소짓는 입술의 끝에는 이런 메시지가 담겨 있다.

'내가 더 강자야.'

아이를 사랑하는 부모는, 아이를 도구로 보는 코디와 싸울 수 없다. 입시열차의 목적지가 '아이를 좋은 대학에 보내겠다'는 것이라면, 이를 위해서는 아이를 인간으로 보지 않는 것이 강력한 승리의 조건이다. 이런 논리하에서 부모는 패배하게 되어 있다. 입시 성공의 열쇠가 입시전문가에게 있다고 믿을 수밖에 없기 때문이다.

이수임 | 철없는 미카엘

입시를 위한 세뇌전문가 김주영의 대척점에는 동화작가 이수임이 있다. 이수임은 동화처럼 이상적인 엄마이자 부인이고, 바람직한 시민이자, 의식 있는 작가다. 너무 이상적이어서 사람이라는 느낌이 없다. 김주영이 악의 어두움으로 실체가 없어 보인다면, 이수임에게는 그림자가 없다. 입시에 찌든 아이들을 한없이 가여워하고, 새엄마지만 친엄마보다 더 살갑게 아이를 키운다.

스카이캐슬로 이주하자마자 행동을 개시하는 것도 같은 맥락이다. 이웃의 눈치를 보거나 커뮤니티에 적응하기 위해 노력할 틈도 없이, 옳다고 생각하는 행동을 거침없이 전개한다. 아이들이 스트레스 해소용으로 물건을 훔치자 나무라서 부모와 갈등을 빚고, 입주민들의 반대에도 당당하게 영재네 가족을 소재로 소설을 쓰겠다고 선포한다.

물론 이수임에게 아픔이 없는 것은 아니지만, 이 역시 대의를 위한 아픔이다. 교생 시절, 사랑하는 제자 연두를 지켜주지 못해 결국 사고로 죽게 만들었다는 자책감으로 인한 아픔이기 때문이다. 그녀에게서는 세속적 욕심이라고는 티끌만큼도 찾아볼 수 없다. 그렇게 욕심이 없는데, 놀랍게도 아들 우주는 공부까지 잘한다. 새엄마 이수임은 입시에는 전혀 관심도 없이, 과외를 종용하는 주변 엄마들의 문자는 쳐다보지도 않으면서, 아들을 전교 1등으로 입학시키는 쾌거(!)를 이룬다. 어떻게 보아도 이수임은 인간 이상의 존재로 설정되어 있는 것이다. 과장해서 말하자면, 김주영이 루시퍼(Lucifer, 타락천사)라면 이수임은 미카엘(Michael, 대천사)인 셈이다.

남편 황치영과의 관계도 나무랄 데가 없다. 고민을 함께 나누고, 언제나 서로 격려한다. 황치영 역시 올곧기는 마찬가지다. 엄청난 실력을 가진 의사지만, 겸손하고 정의롭다. 복지원 출신에 소위 '지잡대'를 나온 의사지만, 어떤 의사보다도 실력이 좋으며, 환자 중심의 진료를 한다. 올바른 도덕성을 병원 내에 구현하기 위해 모든 노력을 기울이는 이상적인 의사다.

선량함이 지나치다보니 현실감이 없다. 과도한 입시중심의 문화를 바꾸어보고자 고군분투하고, 죽음까지 겪은 가족을 중심으로 소설도 써보려고 하고, 아이들도 보호하려고 하지만, 쉽지 않다. 당위는 있지만 집요한 에너지가 없기 때문이다. 김주영에게는 서울의대를 합격시키고 말겠다는 의지가 있고, 그것은 엄청난 돈과 명성에 의해 추동된다. 아이를 자기 휘하에 두는 시기만큼은 자기가 제왕적 권력을 가지게 된다는 것도 잘 알고 있다. 이수임은 공공을 위해, 사회를 위해 노력한다. 그러다보니 '너나 잘하세요'라는 말을 들을 뿐이다. 한 블로거의 품평을 보자.

이수임 말투나 행동 모든 게 너무 짜증나네요 ㅋㅋㅋㅋ 진짜 오지랖 개쩔어가지고……. 뭐하는 건지ㅜㅜ 진짜 주변에 저런 사람 있었으면 오지게 욕했을 듯…….

아마도 '정말 좋은 엄마' 정도인 이수임은 왜 이렇게 비호감의 대상이 된 걸까? 자신의 모든 행동이 정의롭다고 믿으며 용감하게 행동하지만, 실제로 그 행동을 잘 보면 사람들에 대한 배려가 없기 때문이다. 편의점 물건을 훔친 예빈이를 모든 사람들이 보는 앞에서 편의점 주인에게 사과를 시킨다거나, 한서진의 과거를 주민들 앞에서 발설한 것이 대표적이다. '옳음'에 매달려, '배려'를 잃어버린 희한한 이웃. 그래서 이수임은 그저 다른 세계에서 갑자기 날아온 정의로운 작가처럼 느껴질 뿐, '한국사회 엄마'라는 느낌은 들지 않는 것이다.

윤석진 드라마평론가(충남대 국문과 교수)는 공적 입장(수임)과 사적 욕망(서진)이 충돌하는 현상이라 본다.

"수임의 말을 들으면 '그래 나도 알고 있어. 그렇지만 그런다고 해서 세상이 뭐 달라졌어?' 하는 반발심이 생겨요. 동시에 서진처럼 내 자식을 성공시키려는 사적 욕망이 작동하지만 드러내고 싶진 않죠. 수임이 서진을 계속 자극하고 공격하는 것 같은 마음은, 사실 '나'의 무의식 속 욕망을 건드리는 것으로 받아들이는 겁니다."

대중의 반감을 수임의 '위선적 태도'에서 찾기도 한다. 자신은 강남에 살면서 '모든 국민이 강남에 살 필요는 없다'던 한 고위 인사의 모습에 대중이 분노한 것과 같은 이치다. 박권일 사회비평가는 "사람들은 단순한 악인보다는 위선자를 훨씬 혐오한다는 심리학 실험이 있다"라며

> "강남에 살면서 사회적 약자를 대변하는 일종의 '강남좌파' 적 면모를 드러내는 수임을 싫어하고, 솔직하게 '나'와 같은 욕망을 추구하는 서진을 응원하는 양태"라고 설명했다.
>
> 'SKY캐슬'이 묻는다… 피라미드 정점에 선 당신, 행복하십니까 (2019. 01. 26 한국일보 이한호 기자)

이수임은 김주영과 투쟁하지만, 김주영만큼의 분명한 목표도, 강렬한 의지도 없다. 서울의대라는 분명한 목표에 맞먹는 목표가 무엇인가? 소설은 입시문화를 바꾸기 위한 작은 계란일 뿐, 그 자체가 이수임의 목표가 아니다. 아이들을 구하려고 하는 마음은 크지만, 아이들은 아무 데서나 넘어지고, '올바른 말씀'으로 해결되는 것은 아무것도 없다. 아마도 수행평가를 대행해주었다는 사실을 알았다면, 이수임은 혜나를 데리고 교무실로 갔을지도 모르겠다.

게다가 입시욕망은 들불처럼 여기저기로 번지는 법이어서, 이수임이 싸워야 하는 대상은 늘어나게 되어 있다. 이수임은 한서진과 싸우다가, 차민혁과 싸우다가, 김주영의 거짓말에 농락당하다가, 결국 화살을 맞는다. 아들 우주가 살인용의자로 몰리게 되는 것이다. 여전히 이수임은 적절하게 싸워나가지 못한다. 그저 짐작만 할 뿐이다.

어쩌면 지옥불로 떨어지고 있는 입시열차는, 이수임이라는 한 명의 천사가 정지시키기에는 너무나 빠르게 굴러가고 있었다. 그 열차는, 잠시 지옥으로 들어간 후에야 멈출 수 있는 그런 열차였다. 이수임이 다시 날아오를 수 있게 된 것은, 함께 열차의 방향을 튼 사람들 덕분이었다. 더없이 세속적이고 경쟁적이었던, 그 스카이캐슬의 사람들 말이다.

2
스카이캐슬의 입시문법

스카이캐슬은 천공의 성, 우리가 살아가는 일상과는 거리가 먼 환상의 공간이다. 어딘가에 있겠지만, 그들이 사는 세상은 알 수 없는 그런 공간. 거주자의 공간적인 선별이 일어나고, 부의 공간적 집중이 그들의 이익과 특권을 강화한다. 등장인물들은 스카이캐슬 안에서 함께 운동하고, 토론하고, 파티를 열면서 관계를 돈독히 해나간다. 그들은 '언니'와 '동생'으로 묶이며, 대학입시의 자료도 그 관계의 골을 따라 이동한다. 그저 친한 것이 아니라 결정적인 이익을 공유하는 '라인'이 그 안에서 형성되는 것이다.

입시에 성공한 아이들의 포트폴리오가 왜 그렇게 중요한가? 대학이 원하는 인재상을 그 안에 담고 있기 때문이다. 포트폴리오는 어떤 활동이 눈에 띄는지, 어떤 책을 읽어야 지적으로 우수한 것으로 평가받는지를 보여준다. 아무리 내신 1등이라고 하더라도 전국에는 고등학교가 2,393개다. 2,393명의 1등들 중에서 다시 5% 안에 들어야만 100여 명만을 선발하는 서울의대에 합격할 수 있는 거다. 즉, 학종으로 대학에 가기 위해서는 내신 1등의 95%가 모르는 '대학이 원하는 자질'을 알아야 하는 것이다.

당신은 학력고사 세대라서 몰라!

코디는 아이들의 성향이나 경험을 분석하여 대학의 학과에서 원하는 내용과 매칭하는 일을 하는 입시전문가를 말한다. 이전의 과외선생이 아이들의 실력을 키우는 데 집중했다면, 코디는 대학 및 학과에 대한 이해와 그에 적합한 인턴이나 논문 경험 등을 매칭할 수 있는 정보를 가지고 있어야 한다. 대학의 입시트렌드는 물론, 입시 전형에 참여하는 교수의 성향까지 알아야 정확한 정보라고 할 수 있다. 또한 코디는 창의적이기도 해야 한다. 아이의 경험을 각색해서 대학이 원하는 방식으로 조형해나가야 하기 때문이다. 그래서 코디는, 아이의 성향을 잘 파악하고, 아이의 미래를 함께 설계해나갈 수 있는 따뜻함을 갖춰야만 한다.

그러나 스카이캐슬의 '최고의 코디'는 이와 다른 능력을 필요로 한다. 이미 대학입시의 목표는 서울의대로 정해져 있고, 그에 적합한 포트폴리오 역시 대략 나와 있기 때문이다. 코디가 해야 하는 일은 어쩌면 더 간단할 수도 있다. 아이를 파악할 필요도 없이, 목표의 틀에 아이를 끼워맞추는 일이기 때문이다. 아이가 의대에 가기를 원하건 원하지 않건, 아이의 능력이 되건 되지 않건, 아이의 성향이나 의지는 중요하지 않다. 의지는 만들면 되고, 성향은 키우면 된다. 부모가 그것을 원하고, 뒷받침할 재력이 있기 때문이다.

김주영이 계속 반복하는 말은 "감당하실 수 있겠습니까", "그렇다면 저를 믿으십시오. 전적으로 믿으셔야 합니다"이다. 당신이 사는 문법을 다 버려야 한다는 것, 상식의 세계 혹은 규범의 세계에서 벗어나게 될지도 모른다는 것을 분명하게 경고하는 것이다.

입시가 끝난 후 그녀는 관계를 끊는다. 다시 일상으로 돌아간 그들에게는 어떤 삶이 펼쳐질까? 이미 3년 동안 전혀 다른 문법으로 산 그들이, 상식과 도덕의 세계에 들어갈 수 있을까? 자살, 비행, 도피, 중독. 이런 문제는 모두 '그 아이 엄마가 원한 것'의 결과이다.

맞는 말이다. 아이들이 동기부여 되어 있지 않은 상태에서 입시에 성공하려면, 다른 무엇인가를 자극해야 한다. 부모에 대한 증오심이건, 친구에 대한 질투건, 연애의 파탄이건, 입시에 몰두할 수 있는 계기를 찾아내는 것이다. 이것이 조선생을 시켜 계속 정보를 캐야 하는 이유이다.

최고의 코디는 또한, 학교 내신도 챙겨야 한다. 내신에서 완벽한 성적을 거두기 위해서는 학교 내부정보를 꿰고 있어야 하며, 때로는 학교 교사와의 네트워크도 갖추고 있어야 한다. 그것은 경우에 따라서는 학교 시험지를 빼내는 일이 될 수도 있다. 숙명여고의 시험지 유출사건을 떠올리게 하는 김주영의 전략은 대학 입시에 대한 욕망이 커지면 커질수록 상상할 수 없는 비리가 생겨날 수 있는 구멍은 더 많이 만들어진다는 것을 말해준다.

2018년에 상당한 논란이 되었던 EBS의 다큐「대학입시의 진실」에는 놀라운 장면들이 몇 가지 나온다. 부모가 위장이혼을 한다. 아이를 사회배려전형으로 명문대에 입학시키기 위해서다. 교장은 성적 조작을 지시한다. 한 명이라도 서울대를 보내기 위해서다. 교사는 경시대회에서 좋은 성적을 거둔 아이에게 말한다. "너는 왜 시험을 잘 봐서 전교권 애들 상을 못 받게 하니?" 그래서 결국 이런 탈도덕화가 일상화된다.

명문대에 합격하는 게 중요하지, 사실인지 아닌지가 뭐가 중요하지?

누구나 다 알고 있다. 엘리트는 경제력이건, 지력이건, 많은 자원을 자기 의지와 상관없이 수혜 받은 존재로서 사회의 대중을 위해 봉사해야 하는 존재다. 사회의 각 분야에서 그 분야의 동향에 결정적인 영향력을 갖고, 나라의 운명을 좌우하는 영향력을 갖는 사람들이다. 사회를 이끌어가야 하는 사람들이니 이런 착취구조를 근절하는 데 앞

장서야 마땅하다. 그러기 위해서는 사회적 혜택을 받지 못한 사람들에 대한 연민이 있어야 하고, 적어도 평등한 선발을 위한 규칙을 지켜야 한다. 그런데 그런 사람은 오히려 소수다. 승자독식의 관행에 대부분이 묵인한다. 우리사회에서 상당수의 엘리트는 타인을 착취하는 구조 속에서 성장하고 있는 거다.

왜 그런가? 승자가 되지 못할 경우 나락으로 떨어질지도 모르는 불안감이 엘리트에게조차 존재하기 때문이다. 정확히 말하자면, 엘리트계층은 존재하지만 소명의식은 없기 때문이다. 정치인이건 교수건 의사건, 더 많은 권력과 지식을 가진 만큼 사회에 기여해야 한다는 의식이 별로 없다. 도덕성 발달을 측정한 결과는 이런 양상을 더 잘 보여준다. 사회계층이 높을수록 도덕성이 높은 것이 아니라, 오히려 더 낮아지는 경향이 나타나고 있는 것이다.

학자들은 대부분 1997년 IMF 이후 우리 사회의 문화적 표준이 바뀌었다는 데 동의한다. 유교적 지위에서 전통적 권위나 전문적 지식에 이르는 다양한 사회적 권위가 사라지고, 경제적 부유함, 즉 돈이 그 자리를 차지한다. 누구도

눈앞의 이익 앞에서 공정함을 이야기하지 않는다. 그런데 사회 지도층도 마찬가지라는 것이다.

작게 비리를 저지르니, 큰 비리에 대해 눈감게 된다. 큰 비리를 저지르니 작은 비리는 그냥 넘어간다. 정규직은 비정규직을 착취하고 직원은 알바를 착취한다. 이런 비리의 연쇄고리 속에서 우리 사회는 가장 말단, 하층이 체계적으로 가장 강도 높게 착취당하게 되어 있다. 실제로 2017년 우리나라의 비정규직에서 정규직으로의 1년 내 전환비율은 11%로, OECD 평균 35%에 한참 못 미친다. 회원국 중 꼴찌다. 3년 내 전환율도 OECD 평균이 53%인데 우리나라는 22%다. 이 역시 꼴찌다. 한 번 단추를 잘못 잠그면, 계속 비정규직으로 저임금 장시간 노동 속에서 살게 되는 것이다. 아무도 사회의 정의를 위해 애쓰지 않고, 각개전투를 한다. 엘리트들, 사회의 지도층이 오히려 자기 것만을 챙긴다. 승자독식이 사회의 법이니 일단 자기 것을 챙기고 봐야 한다는 것이다.

그러니 심지어 규범을 전달해야 할 부모가 나서서 부도덕한 짓을 한다. 부도덕이 모성애로 덮인다. '아이를 위해 부모가 욕을 다 먹겠다'는 것이 통용된다. 한서진은 예서를 보며 몇 번이나 다짐한다. '엄마가 더러운 거, 나쁜 거, 다 할 테니 너는 꽃길만 가라.' 초자아적인 존재, 사회의 엄중함을 대리하는 존재, 이기적인 본능을 이타적인 연대의 마음으로 바꾸어놓을 수 있는 유일한 존재가 부모다. 그런데 이 부모가 나서서 본능-욕망의 이드(Id)[5]를 따르겠다고 선포하는 것이다.

부모가 보기에 입시는 생존이다. 그리고 상당수의 부모가 입시를 위해 자기의 양심을 버려도 좋다고 생각한다. 내신 성적을 위해 학교시험지를 도둑질해도, 그것이 문제가 될 것은 없다. 돈이 있었다면, 누구라도 그렇게 할 것이다. 그런데 서울의대에 들어갈 수 있는 분명한 해법이 있다고 한다. 왜 마다하겠는가?

공부를 그냥 잘하는 정도로는 턱도 없고, 공부만으로도 안 된다.

가족 간 전쟁이 시작되었다. 위만 있을 뿐, 아래도 옆도 뒤도 없다.

그렇다. 자기 혼자 열심히 공부만 하면 되는 줄 아는 학력고사 세대, 당신은 모른다.

‘우리 예서’가 사는 방식

스카이캐슬이 몰두하는 ‘학종’은 참으로 어려운 제도다. 학종의 핵심이 자기소개서이기 때문이다. 사실 스무 살도 안 된 아이의 성향을 부모도 잘 모르는데, 아이 스스로가 자신을 성찰해 아주 구체적인 직업상을 염두에 두고, 여러 경험을 조직해서 괜찮은 글로 작성해야 하는 것이다. 물론 자기 적성이나 성향을 한 번쯤 생각해보는 것, 자신이 하고자 하는 활동을 미래와 연결시키는 것은 중요한 경험이다. 자기소개서를 한 번쯤 써보는 것은 청소년들에게 의미 있는 활동이다.

하지만, 이것이 입시가 되자 본말이 전도된다. 자기성찰에서 전공이나 직업적 성향이 도출되는 것이 아니라, 학과에 맞도록 경험의 의미가 규정되고 재단되는 것이다. 원서를 써본 사람은 안다. 대개의 경험에 대한 해석이 과도한 설명이라는 것을.

"이 활동 왜 했니?"

"그냥 좋아서요."

"그래도 어떤 부분이 좋았는데?"

"그냥 해보고 싶었는데요."

"그냥은 아니지. 뭔가 기획하고 만들어가는 게 재미있었던 거지?"

이렇게 되면, 학생이 '그냥 했던' 경험은 대학을 가기 위한 수단이 되어버린다. 동일한 경험도 학과에 따라 다르게 설명되어야 하고, 그 설명을 만들어가며 아이들에게 대학은 더 중요해지게 된다. 한 번 지원해본 대학이 아니라, '내 인생 내내 가기 위해 노력했던 대학'이 되는 것이다. 외국의 어떤 대학도 이렇게 지원자가 모든 경험을 해석하게 하지 않는다.

대학이 원하는 인재는 대학이 찾는다. 그래야 마땅하다. 하버드의 입학사정관은 지원자들의 사회경제적 배경을 고려하여 잠재력을 평가한다. 지원자의 집에 가보고, 부모와의 관계를 보고, 여러 활동들을 검토한다. 아이들이 고등학교까지 생활한 결과들에 대학이 의미를 부여하는 것이다. 물론 기여금입학도 있고 경제력이 여러 차원에서 작동하는 것도 사실이다. 하지만 적어도, 선진국의 공식적인 입시에서 고등학교가 대학의 입맛에 맞게 모든 자료를 작성해서 제출하는 경우는 들어보지 못했다. 대학이 노력해서 아이들의 잠재력을 평가하고, 아이들은 스스로 원하는 공부를 한 결과로 적당한 대학에 갈 수 있어야 아이들이 정상적으로 클 수 있다.

우리는 거꾸로다. 아이들이 경험을 대학을 위해 조직해 놓고, 대학은 아이들을 떨어뜨린다. 더 나아가 고등학교 1학년 때부터 자율적인 활동을 대학에 맞춰 설계하게 되면, 아이들의 삶은 내내 대학을 위한 것으로 변질된다. 나를 위해 대학을 가는 것이 아니라 대학에 가기 위해 내가 사는 것이다.

대학에 가기 위한 자기소개서에 그간 해온 경험을 배치하게 되면, 아이들은 대학에 더 큰 애착을 가지게 된다. "아, 내가 여길 가려고 이렇게 지내왔던 건가보네!" 그러니 이렇게 입시를 준비한 젊은 세대들은 동일한 처지에 있는 예서에게 공감하고 위로의 시선을 보내는 것이다. 서울의대를 먼저 정하고, 그걸 위해 모든 생활을 편성한 예서의 삶을 다시 떠올려보자. 김주영이 살인사건의 범인임을 알게 된 날, 한서진은 딸 예서와 함께 상장의 진열대 앞에 선다.

"이거 우리가 그동안 해온 거야. 서울의대 입시를 위해서. 잠도 안자고……."

숨 막히는 언급이 이어진다.

"네 살부터."

서울의대에 합격하지 못한다면, 예서의 모든 생활은 무의미한 것이 아닌가. 한때 '우리 예서 서울의대 보내주세요'라는 트위터가 1위를 기록하기도 했다. 그만큼 절절했다. 이런 네티즌의 요구는, 사실은 입시를 위해 스스로를 소외시키며 이런저런 활동을 해야만 했던, 그래서 예서에게 감정이입을 할 수밖에 없는 우리 청년들의 외침이 아닐까. 예서가 일종의 자화상이라는 거다.

아이가 태어날 때부터 입시라는 목표를 위해 잠도 안 자고 달려온 인생. 예서 엄마 한서진에게도, 그 세월은 완전히 동일하게 의미화된다. 예서와 함께한 모든 경험이 대학입시를 향하고 있고, 고3을 향할수록 욕망은 더욱 치열해진다. 예서의 내면에는 엄마의 욕망이 이미 온전하게 똬리를 틀고 있고, 엄마 안에는 3대째 서울의대 출신이라는 '가문의 영광'을 꿈꾸는 시어머니의 목소리가 들어 있다. 어떻게 해서 이렇게 되는지에 대해서는 마음의 식민화, 또는 '자녀 마음의 실질적 포섭'이라는 개념을 통해 뒤에서 살펴보기로 한다.

예서건 한서진이건, 자기가 원하는 것, 하고 싶은 것을 억누르며 살아왔기 때문에 그에 대한 보상심리는 강할 수밖에 없다. 자기 마음과 욕망을 대가로 대학 입시를 선택했으니, 대학을 바꾼다는 것은 그저 선택을 바꾸는 문제가 아니다. 예서는 엄마에게 말한다.

"엄마 나 정말 서울의대 가고 싶어. 진짜 진짜 가고 싶어."

왜 그렇지 않겠는가? 공부를 잘하다보니 의사가 좋아서 선택했다기보다는, 모든 욕구를 포기하며 목표로 설정했던 것이 서울의대니, 서울대가 아니어도 안 되고, 의대가 아니어도 안 된다. 서울의대를 포기하라는 것은, 인생을 포기하라는 말과 같다. 아이들이 수도 없이 아파트 꼭대기에서 추락하는 것은, 친구들과 웃음과 사랑과 낭만의 자리에 들어선 시험의 날 선 목소리를 더 이상 견디기 어려웠기 때문이다.

상식적으로 생각하면 있을 수 없는 일이다. 서울의대를 포기하지 못해서 친구를 살인범으로 몬다? 말이 안 된다. 하지만 예서 혹은 한서진에게 서울의대는 이미 인생의 목적이 되어 있다. 내 인생을 포기할 것인가, 남의 인생을 망칠 것인가의 문제가 되어버리는 것이다. 이미 오래전, 도덕은 경쟁 앞에 쓰레기처럼 던져버렸다.

좀 더 큰 문제라고 해서 왜 달라져야 하는가? 입시욕망의 열차에 올라탔다면, 그래서 대학을 먼저 놓고 자신을 맞춰가기 시작했다면, 이미 그 세계의 문법이 내 안에 스며들기 시작하는 것이다. 서울의대를 들어가게 해주는 사람은 이미 신의 자리를 차지한 것이기 때문이다. 김주영은 양심의 가책을 살짝 느끼던 조선생에게, 냉랭하게 말한다.

"제 아무리 잘났다고 떠드는 것들도 다 우리 밑에 있어. 자식을 우리한테 맡기면 그들의 영혼도 우리 손아귀에 있거든. 그들을 웃게 할 수도, 울게 할 수도, 심지어 지옥불에 처넣을 수도 있지. 제 자식을 남들보다 더 뛰어나게 만들고픈 부모들의 욕망이 있는 한, 입시결과만 좋으면 그 어떤 책임도 질 필요가 없어. 우리야말로 무한경쟁시대에 저들의 영혼을 사로잡을 우상이니까."

한서진이 실패한 이유

하지만 한서진은, 혹은 예서는 결국 입시에 실패했다. 드라마상으로 보자면, 김주영의 트랙을 벗어났기 때문이다. 예서네는 김주영이 제시했던 '철저히 입시만을 바라보는 비인간적 감수성'을 유지하지 못했다. 김주영의 계획은 한 치의 오차나 흔들림이 없다. 그녀의 세계관에서 '인간적'이라는 것은 패배자의 자기변명에 불과하다. 그러니 김주영을 따랐으면 입시에는 성공했을 것이다.

아마도 김주영은 미국의 심리학자 존 왓슨(John Watson)을 좋아했을 법하다. 행동주의 심리학의 태두 왓슨의 유명한 말을 들어보자.

나에게 건강하고 잘 자란 12명의 아이와 그 아이들을 양육하는 데 나 자신이 자유로울 수 있는 환경을 제공해주시오. 그리하면, 그 아이들 중 한 아이를 무작위적으로 선택해 훈련시켜 내가 선택한 전문가 -의사, 법률가, 예술가, 실업가와 함께 거지, 도둑까지도-로 길러 보이겠소. 아이의 조상이 가진 재능, 취미, 경향, 적성, 능력이 어떻든 간에.

왓슨은 '인간에 대한 계획적 변화'를 제시했고, 그의 이론은 추앙과 비판을 동시에 받았다. 우리나라 교육을 지배하는 철학적 기초에는 대개 이런 왓슨의 철학이 작동한다. 아이들이 부모가 설계한 대로 클 것이라는 기대는 김주영의 경우 과도하기는 하지만, 우리 부모들의 상당수가 가지고 있는 상식이기도 하다. 대개의 어른들은 아이들의 마음은 백지와 같아서 그들을 '가르쳐야 한다'고 여기며, 통제할 수 있다고 생각한다. 강력하게 이끌기만 하면, 부모가 바라는 대로 자랄 것이라고 믿는다.

하지만 이런 왓슨식의 교육은 자주 실패한다. 아이들은 절대로 백지와 같지 않기 때문이다. 게다가 사람들이 사는 환경에는 의외의 변수가 생기게 마련이며, 아이들의 내면을 완벽하게 장악하기란 쉬운 일이 아니다. 인간은 기본적으로 자율적이 되기 위해 노력하는 존재이다. '거리의 사상가'로 불리는 일본의 교육학자 우치다 타츠루는 인간이 "배우지 않기 위해, 즉 무지(無知)하기 위해 집요하게 골몰"하는 존재라고 말한다. 인간은 '무지를 향한 의지를 가진 존재', 즉 타인의 말을 절대로 듣지 않는 존재라는 것이다. 즉, 왓슨의 관점은 인간이 아닌, 비둘기나 생쥐에게 적합하다.

좀더 인간에 대해 살펴보자. 아이들의 '무지를 향한 의지'는 부모의 태도가 '설교 모드'로 바뀌는 순간 생겨난다. 아이들은 매순간 설교의 징후가 있는지 안테나를 곤두세우고, 설교가 시작되면 귀신같이 빠르게 귀를 닫는다. 부모의 입장에서는 서운하거나 짜증이 날 수 있으나, 그것은 인간이라면 가지고 태어나는 자율성의 기초이기도 하다. 생각해보라. 부모의 말대로만 아이들이 자란다면, 세상의 변화는 어디서 오겠는가? 상당수의 천재와 세상을 바꾼 위인들 가운데 모범생이 얼마나 될까. 페이스북을 만든 주커버그가 대학을 중도포기 할 때, 부모는 환영했을까? 아이는 부모를 반역하며 크고, 기존의 입장을 부정해야 새로운 진전이 이루어진다.

다시 말해, 왓슨의 주장은 한서진-김주영이라는 '헬리콥터 맘-수억 원대 코디'의 이론적 기반이지만, 그것이 성공하기 위해서는 아이가 자율적 인간이기를 포기해야 한다. 내면을 온전히 입시 혹은 부모 혹은 코디에게 내어줄 때, 그들의 기대가 충족된다. '매니저 엄마'들은 부모의 인정과 사랑을 입시와 직결시킨다. 치밀한 벽을 세워놓고 아이들에게 그 안에 머물 것을 요구한다.

"너는 걱정 말고 공부만 해."

처음에 아이들은 저항하지만, 어떻게 해도 부모의 울타리를 넘어설 수 없음을 깨닫게 되면, 좌절하거나 부모의 욕망에 순응해서 살게 된다. 영재가 그랬듯이 말이다.

많은 부모들은 그런 순응이 입시 성공을 보장하기 위한 조건이라 생각한다. 조금만 참으면, 입시에 성공하면, 모든 문제가 해결될 것이다! 하지만 잘 생각해보면, 문제는 그 다음부터다. 영재는 복수를 시작하고, 서울의대를 들어간 선배는 자살을 한다.

예서는 다르지 않은가? 처음에 예서는 아주 잘 적응한 것처럼 보인다. 엄마보다 더 나아가 김주영 편에 선다. 심지어 예서는 엄마에게 이렇게 소리 지른다.

"엄마가 나 입시 실패하면 책임질 거냐고! 이거 내 인생이야, 내 인생!!"

과잉적응한 예서는, 입시를 위해서라면 어떤 일도 할 기세다. 예서는 엄마를 넘어서서 입시의 마왕에게 영혼을 맡긴다. 엄마 한서진의 김주영에 대한 본능적 두려움을 무시한 채, 입시열차에 뛰어들고 있는 것이다. 결국 예서의 멘탈이 붕괴되고, 한서진이 포기한다. 한서진이 실패한 이유는, 딸을 사랑했기 때문이다. 김주영은 입시를 위해 완전하게 인간을 배제하였고, 한서진은 입시보다는 인간이 먼저였다.

예빈이의 갈림길

아마도 시청자들에게 가장 인기 있었던 캐릭터는 예빈이일 것이다. 자세부터 삐딱한 예빈이는 부모의 요구에 온몸으로 저항한다. 물건을 훔치기도 하고, 소리 지르기도 한다. 아이들에게 적절한 환경이 보장되면, 아이들은 절대로 어른의 말에 복종하지 않는다.

하지만 예빈이의 마음을 가장 잘 드러내주는 장면은 엄마가 자신의 도벽까지도 통제하에 두려고 했음을 알고 오열하는 장면이다. 엄마에게 반항하고 자신의 놀라운 일탈을 보여주고자 했는데, 이미 엄마는 그걸 알고 가게주인에게 물건값을 지불하고 있었다니!

"우리 엄마는 나를 포기했나 봐요."

예빈이는 울먹이며 이수임에게 엄마가 자신의 도벽을 아무렇지도 않게 방어해버렸음을 토로한다. 이런 예빈이의 모습은 예서의 이전 모습일지도 모른다. 아이들이 원하는 것은 부모의 진정한 사랑, 즉, 마음껏 뛰어놀 수 있는 공간을 주고 뒤에서 따뜻한 눈으로 바라보아주는 부모의 마음 그 이상도 이하도 아니다. 아이들은 있는 힘을 다해 그 사랑을 쟁취하기 위해 노력한다. 부모의 눈에 들기 위해 열심히 공부하기도 하고, 대들기도 하고 비행을 저지르기도 한다. 삐딱하던 예빈이는 성적이 좋아지자 태도가 바뀐다. 혜나를 가정교사로 요청한 것도 예빈이다. 삐딱이와 싸가지는 동전의 양면이다.

조금 어렵게 정리해보자. 입시트랙에 들어선 아이들의 마음을 추적해보면 이렇다. 자율의 대가로 입시욕망이 들어서고, 입시욕망의 대가로 최소한의 인간성이 사라지며,

인간성 상실의 대가로 사랑이 상실된다. 처음 시작은 아마도 인정을 받고 싶어서였을 것이나, 긴 터널의 끝에는 인정이 불가능한 시스템이 기다리고 있다. 입시에서 성공하건 하지 않건, 입시가 삶을 집어삼켰기 때문이다.

예빈이가 생동감 넘치는 것은, 아직 입시에 들어서지 않았기 때문이다. 예빈이는 성공한 인생을 기대하지만, 입시의 성공은 박제된 인생을 요구한다. 예빈이는 예서로 변화되기 직전, 브레이크를 걸었다. 김주영은 '입시의 성공=박제된 인생'이라는 등식을 분명하게 알려주었고, '엄마' 한서진은 '매니저'를 가차없이 던졌다. 아름다운 패배. 가끔 우리는 비열한 성공과 아름다운 패배의 갈림길에 놓인다. 예서 혹은 예빈이의 입시는 실패하겠지만, 가끔은 실패가 정말 다행인 때가 있다.

현실은? 물론 코디에 의한 살인은 없지만, 입시문화로 인한 살인사건이 벌어지지 않는 것은 아니다. 좀 극단적인 사례를 보자. 이미 오래전, 2000년 5월 과천에서 일어난 토막살인사건이다. 쓰레기 봉지에 버려진 토막시신은 결국 이은석이라는 고등학생에게 살해된 부모로 밝혀졌다. 이은석의 아버지는 자수성가한 군인, 엄머니는 최초의 여성 대통령 혹은 영부인을 꿈꾸던 전업주부다. 어머니는 포기한 꿈을 아이들에게 투사하여 학대에 가까운 가정 문화를 만들었다.

이은석의 일기에는 유치원생이던 시절에 신발 끈을 제대로 못 묶는다고 맞았다거나 초등학교 4학년 때는 밥을 늦게 먹는다고 집어던진 젓가락에 유리창이 깨졌다는 기록이 있다. 이후 인터뷰에서 이은석은 고등학교에 들어가면서는 공부하는 등 뒤에서 엄마가 새벽 2시까지 뜨개질을 하다가 은석이 졸면 그 뜨개바늘로 눈을 찌르며 잠을 깨웠다는 이야기도 했다. 아이는 공부기계로 자랐고, 부모를 살해하고도 죄책감을 가지지 않았다(이훈구, 2001).

그의 형은 오히려 동생을 이해했다. "그럴 수도 있다. 나는 동생을 이해한다. 우리의 부모가 직장 상사가 부하 직원에게 갖는 만큼의 애정만 우리에게 줬어도 이런 일은 일어나지 않았을 것이다"라며 이은석을 변론하였다. 이은석은 사건 직후 경찰서 진술에서 "어쩔 수 없는 선택이었다. 미안하다고 말하기가 그렇게 어려웠나"라며 울먹이면서

"멸시와 형제 간 차별하는 부모를 내 인생의 방해자라고 생각하여 범행했다"고 말했다고 한다.

그 사건으로부터 10년이 지난 2010년 7월 7일. 한겨레의 칼럼이다.

> 얼마 전 한 외고생이 제 엄마에게 유서를 남기고 베란다에서 투신했다. 유서는 단 네 글자였다. '이제 됐어?' 엄마가 요구하던 성적에 도달한 직후였다. 그 아이는 투신하는 순간까지 다른 부모들이 부러워하는 아이였고 투신하지 않았다면 여전히 그런 아이였을 것이다. 스스로 세상을 떠나는 아이들이 매우 빠르게 늘고 있다. 아이들은 끝없이 죽어가는데 부모들은 단지 아이를 좀더 잘살게 하려 애를 쓸 뿐이라 한다. 대체 아이들이 얼마나 더 죽어야 우리는 정신을 차릴까?

적어도 사람이라면?
이런 낭만이 있나!

아이들은 어떻게 '사람의 입장'이라는 것을 가지게 될까? 늑대소녀의 사례에서 보듯, '사회'라는 인간의 공동체에 소속되어 성장하지 않을 경우, 인간은 인간으로서의 정체성을 전혀 가질 수 없다. 탁월한 학습동물인 인간은, 태어나서 수년의 결정적 시기에 어떤 경험을 하게 되는가에 따라, 생고기를 먹고 네발로 뛰는 '늑대'가 되기도 한다.

극단적인 비유지만, 늑대로 자랄 수도 있던 인간들이 인간으로 자랄 수 있었던 것은 '사회'가 있기 때문이다. '인간다움'이란 사회적으로 합의한 어떤 것, 그래서 영원할 수 없는 임의적인 어떤 것이다. 사람들은 한때 가차없이 마녀를 불태워 죽였고, 성인식을 치르는 청년의 등에 구멍을 내기도 했다. 그래서 인류학자 마거릿 미드(Margaret Mead)는, 사회의 문화를 교육과 학습의 결과물이라고 정리했다.

따지고 보면, '사람이라면 모름지기 이러해야 한다'는 생각은 학습된 것이고, 그것은 기본적으로 부모와의 대화, 가족들과의 생활을 통해 받아들여졌을 것이다. 부모는 '사회의 대리인'으로서, 자녀의 본능이나 충동을 억제하고 사회적으로 공인된 불변의 가치를 추구하기를 기대하는 존재다. 집에서는 어떤 허물도 덮어줄 수 있기 때문에 부모는 더 엄하게 아이들을 채근하는 것이다. 사회에서 가치 있는 인간으로 살아가기 위해서는 부모가 예법을 가르쳐야 한다.

'미운 아이 떡 하나 더 준다'는 말은 엄격함이 얼마나 중요한지를 말해주는 속담이다. 매를 드는 것은 아이에게 규범을 전수하는 과정인 반면, 떡을 주는 것은 아이를 나태하게 만드는 일이다. 아이들을 인격적 주체로 키워내기 위해서는 규율이 반드시 필요하며, 이는 부모를 통해 이루어진다. 프로이트식으로 말하면, 초자아(superego)의 금지를 내면화한 내적 명령의 주체 없이는, 우리는 사회적 존재로 성장하기 어려운 것이다.

문제는 규범이나 원칙이 개인의 욕망을 위해 봉사하고 있다는 사실이다. "입시에 성공하라"는 말은 대부분의 경우, 나의 생존을 위해 타인의 존재를 무시하라, 이드(Id)에 해당하는 생존본능에 철저히 따르라는 메시지이다. 공적 질서의 상징인 사회가 인간의 야수적 본능을 용인하는 형국인 것이다. 다시 말해, 초자아가 이드를 억누르라는 것이 아니라, 이드를 따르라고 명령하여 초자아와 이드가 융합하는 상황이다. 사회의 규범이 사라지는 셈이니 이건 상당히 근본적인 문제이다.

그래서, 스카이캐슬에서 가장 가슴 서늘한 장면은 예서 엄마가 예서에게 불법에 동참하기를 권하는 장면다. 예서가 김주영이 범인임을 어렴풋이 눈치채고, 엄마에게 혜나의 앵무새 열쇠고리를 달라고 이야기한다. 엄마는 거절하지만, 예서는 김주영을 신고하러 가겠다고 엄마 손을 뿌리치고 밖으로 나서려고 한다. 바로 그때 엄마가 예서 등 뒤에서 차마 예서를 바라보지 못한 채 입을 연다.

"너 만점 받은 거, 학교시험지 빼돌린 거야. 우주가 범인이 아니라고 신고하면, 너 만점 받은 거 0점 처리돼."

엄마가 아이에게 이익을 위해 도덕을 포기할 것을 권하는 것이다. 엄마가 자식을 악의 영역으로 안내한다. 엄마가, 거짓말로 살인을 덮으려고 하는 음모에 자식을 끌어들이고 있는 것이다. 여기서 잠시 생각해보자. 엄마란 어떤 존재인가. 아이가 훌륭한 사람으로 자라기를 누구보다도 바라는 존재다. 하지만 엄마는 동시에, 아이가 손해보지 않기를, 안전하고 안락하게 살기를 바라는 존재다. 그래서 공공의 이익과 사적 이익이 부딪힐 때, 엄마들은 갈등한다. 그러나 대개는 공공의 이익을 선택한다. 눈앞의 이익이 결국은 이익이 아니라는 것을 알고 있기 때문이다.

이 장면이 섬뜩한 것은, 엄마 한서진이 살인사건 앞에서도 자식을 위해 눈앞의 이익을 선택한다는 것이다. 윤리적으로 전복이 일어난 것이다. 이런 가족의 모습은, 인간이 늑대가 아닌 인간으로 자라나기 위한 기본 사회단위로서의 가족이 상실되었음을 보여준다. 엄마가 사회적 존재로서가 아니라, 생존의 본능 혹은 정글의 법칙에 따라 행동하는 것이다.

드라마라서 그럴까? 현실은 한 걸음 더 나간다. 바로 작년, 8세의 초등학생을 잔인하게 살인한 고등학생이 체포되자 변호인단이 아스퍼거 증후군을 주장한 적이 있었다. 그런데, 그 배후에 의사인 부모가 있었다는 것이다.

> 여덟 살 여자아이를 유인해 살해한 뒤 흉기로 잔인하게 훼손한 '인천 초등학생 살인사건' 주범 김모(17·구속)양이 구치소에서 '아스퍼거 증후군' 관련 서적을 탐독했던 것으로 드러났다. 의사인 김 양의 부모가 넣어준 책이다.
> (서울신문 2018. 9. 14)

부모가 아스퍼거 증후군처럼 행동할 것을 알려줬다니. 아이들에게 한때는 우주였던, 권위의 상징이자 규범의 담지자이던 부모가, 바로 그 아이들에게 극단적으로 이기적이 될 것을 안내하고 있다. 한마디로, 부모가 자식에게 반사회적인 행위를 요구하는 것이다.

왜? 살아남기 위해서다. 정확히 말하자면 생존이 우선이라는 규범이 작동했기 때문이다. 그리고 우리 사회에서, 입시는 생존이다. 그러니 부모는 자녀를 위해 악을 행한다. 그것이 사회적으로 용인된다. 돈이 제일 중요하다는 새로운 사회적 명령 앞에서 삶이 파괴된다. 이렇게 해서 얻은 학력과 지위는 갑질로 연결된다. 악화가 더 극한 악화를 불러들이는 것이다.

'노콘준상'을 위한 변명

"엄마, 노콘준상이 1위야, 1위. 아니. 증상이 아니고 준상이라고요. 예서 아빠."

어느 날 막내가 트위터에 1위로 올랐다며 무슨 증상을 이야기했다. 다시 물었더니 돌아온 답은 증상이 아니라 스카이캐슬의 준상이란다. 외국어 같은 노콘준상이라는 말은 상상도 못한 조합어였다. 콘돔을 쓰지 않는 남자, 강준상. 콘돔을 쓰지 않아 혜나라는 혼외 자녀를 낳은 남자. 자식이 있는 줄도 모르고, 그 자식이 옆에 있는 줄도 몰랐던

황당하기 이를 데 없는, 속없는 남자.

트위터들은 노콘준상에게 하나같이 비난을 퍼붓고 있었다. 원래 강준상은, 그저 아무 생각 없이 학력고사 1등의 나르시시즘에 빠져 병원장을 향해 달리는 잘나가는 의사에 지나지 않았다. 그런데 알고 보니 혼외자식이 있었고, 그 혼외자식이 금쪽같은 딸과 같은 학교 친구다. 막장드라마의 중심에 그가 놓인 것이다. 막장드라마는 갑자기 아무 생각 없던 강준상이 모든 문제의 해결사가 되도록 한다. 혜나가 자기 딸임을 알고 나서 큰 갈등에 빠진 강준상은, 김주영이 혜나를 죽인 범인임을 알게 되자 완전히 다른 인간이 되어, 어머니와 부인에게 이 문제를 제대로 해결할 것을 요청한다. 노콘준상이 트위터 1위를 찍으면서 그에 대한 비아냥이 폭발한 것은 이 지점이다.

"어떻게 가장 쓰레기 같은 남자 캐릭터들을 통해 드라마의 주제를 말하게 할 수가 있어"

"어이없다. 엄마들은 인생을 포기했는데 준상아 네가 포기한 건 콘돔밖에 없잖아"

"난 노쿈준상의 같잖은 일장연설에 깨달음을 얻길 바란 게 아닌데……" 등등

일종의 '데우스 엑스 마키나(deus ex machina)', 즉 극의 모든 갈등을 풀어내는 해결사로 강준상이라는, 콘돔조차 제대로 쓰지 못하는 기본도 안 되어 있는 인물이 설정된 것에 대한 비아냥인 것이다. 이 해결사는 힘들 때마다 불러대던 어머니 윤 여사를, 깨달음의 경지에 도달한 그 순간에도 다시 호출하고, 어머니에게 하는 말이란 "나는 이제 어떻게 해야 하느냐"는 징징거림이다.

마마보이 강준상이 갑자기 설명하고 지시하는 오빠로 돌변한다. 한껏 고민하고 돌아와 수염을 깎고 앉아서는, 어머니에게 "당신이 나를 이렇게 만들었다"라고 원죄를 물으며 부인 한서진에게는 "이제라도 모든 죄를 고백하면 용서를 받을 수 있을 거라"고 조언한다. 리베카 솔닛은 이런 '오빠들의 설명강박'을 맨스플레인(mensplain)이라는 용어로 설명한다. 가부장들의 맨스플레인에 대해, 대부분의 사람들은 약간의 짜증을 동반한 감정을 느낄 것이다.

어떤 책임도 지지 않고 자기 괴로움만을 토로하는 강준상에게 어떤 연민이 생길 수 있을까? 다른 사람에게 죄와 책임을 전가하는 실력만 뛰어나 보이는 사람에게 말이다.

그런데 다른 각도에서 보면, 강준상은 우리 주변에서 흔히 볼 수 있는 조금 덜 자란 아저씨이고, 스카이캐슬은 콘돔조차 잘 쓰지 못하는 덜 자란 아저씨가 '폼 나는 어른'의 내면임을 보여주고 있다. 껍데기는 찬란하지만 알맹이에는 '앙앙거리는 아이'가 들어 있는 한국의 50대 남성, 그 민낯의 한 켠을 보여주고 있는 것이다.

50대 남자가 아이처럼 운다. 너무나 현실감이 없지 않은가? 그런데, 중년의 남자들 가운데 아이 같은 사람은 부지기수다. 성폭력을 저지르고, 없었던 일이라고 떼쓰고, 작은 권력으로 갑질하고, 갑질한 적 없다고 우기고, 힘있는 자에게 아첨하고, 그 자리에 올라서는 으스대는 사람들의 이면에는 인정받지 못한 아이가 있다. 아이처럼 우는 노콘준상은 그래서 갑작스럽다. 그는 너무 빨리, 그리고 어떤 대가도 치르지 않고 자신의 껍데기를 벗어나 깨달음에 도달하였고 눈물을 흘렸다. 그래서 그를 보는 사람들은 당황스

럽거나 한심스러움을 느낀다.

하지만 사실, 50세 중반경에 성공한 많은 남자들이 죽음을 직면하면서 엄청난 위기감을 느낀다는 연구들은 제법 있다. 다니엘 레빈슨(Daniel Levinson)의 『남자가 겪는 인생의 사계절』을 보자. 여기에서 드러난 50대 남자들의 모습 가운데 사회적 성공을 틀어쥔 남성들의 좌절은 생각보다 깊다. 최선을 다해 부모와 사회가 시키는 대로 열심히 살아서, 승진하고 또 승진했는데, 인생의 후반부로 와서 보니 그 의미가 무엇인지 모르겠다는 거다. 중년의 남자들은 주변의 죽음 또는 스스로의 노화를 겪으면서 고민을 시작한다. 회사에서 갑자기 사라진 남자, 바람피우는 남자, 갑자기 직장을 그만두고 선교활동을 시작한 남자는 그 대표적인 예이다.

스카이캐슬의 정신적 지주는 누굴까? 윤 여사다. 대개는 김주영을 꼽겠지만, 김주영의 사업을 가능하게 하는 것은 윤 여사의 아우라다. 김주영이 입시전략의 최고봉에 서서 잔인한 입시의 문법을 관철시키고자 한다면, 윤 여사는 아들과 며느리와 손녀의 뒤편에서 김주영이라는 장기알을 매만진다.

"어머니가 공부 열심히 하라고 해서 학력고사 전국 1등까지 했고, 어머니가 의대에 가라고 해서 의사 됐고, 어머니가 병원장 되라고 해서 그거 해보려고 기를 쓰다가, 내 새낀 줄 모르고, 내가 죽였잖아요. 저 이제 어떻게 하냐고요……. 날 이렇게 만든 건 어머니라고요. 그까짓 병원장이 뭐라고. 내일 모레 쉰이 되도록, 어떻게 살아야 할지도 모르는 놈으로 만들어놨잖아요. 어머니가!"

울며불며 소리치는 강준상은 엄마를 꾸짖는 것처럼 보이지만, 엄마에게 인정받기 위해 노력하는 아이에서 한 발짝도 더 나가 있지 않다. 엄마가 나에게 사과했으면 좋겠다, 미안하다는 말을 듣고 싶다는 마음이다. 그의 외침이 의미를 갖는 것은 한 번도 엄마에게 대들지 못했던 아이가 엄마에게 자기 속내를 이야기했다는 것이다.

윤 여사의 생각을 보다 극명하게 드러내주는 다른 드라마 속 대화를 보자. 몇 해 전, 이슈가 되었던 「학교 2013」

에 나오는 전교 1등 민기와 그 엄마의 대화이다. 아마 강준상이 고등학교에 다녔다면 윤여사와 이런 대화를 했을 법하다.

민기: 알아요. 엄마만 따라가면 창창한 삶이 된다는 걸. 근데 제가 원하지를 않아요. 엄마가 주시려는 삶, 제가 원하지 않는다고요.

엄마: 너 편하게 가라고 길 닦아주는 게 불만이야? 이 세상이 얼마나 험하고 모진지 다 아는데, 내 몸이 부서져도 너 꽁꽁 싸서 내보내야지. 너는 주는 대로 받으면 된다.

민기: 엄마는 정답만 주는데, 그게 다 내 것 같지 않아요. 근데 엄마가 주시는 것들 다 정답 맞나요?

엄마: 그건 10년 후면 알아. 대학 졸업하고 로스쿨 가서 판검사 확정되면 우리 민기 웃을 날 와.

민기는 자신이 원하는 것을 말하고 싶고 엄마와 소통하기를 원하지만, 엄마는 자녀가 철이 없어 말을 안 듣는다고 생각한다. 아무것도 모르니 '주는 대로 받으라'는 것이다. 민기 엄마는 "지금부터 핵심만 보면 할 수 있다"며 미리 빼내온 문제를 알려주고, 시험 전까지 아이 옆에 붙어 "마지막으로 이거 검토하고 들어가라"며 논술 모범 답안을 내민다.

부모가 '너의 미래를 내가 안다'는 입장에 서 있기 때문에 자녀는 반대할 수가 없다. 대학에 잘 들어가야만 이 치열하고 냉혹한 사회에서 패자가 되지 않는다는 확신으로, 부모는 자녀의 판단에 개입하고 선택을 대신하는 것이다. 아마도 강준상은 이런 대화 속에서 억울함을 삼켜가며 자랐을지도 모른다.

엄마가 공부하라 해서 하고, 의대 가라고 해서 가고, 결혼도 이 여자랑 하라고 해서 하고, 병원장이 되라고 해서 노력하는 강준상은 트위터에서 말하듯, '문제를 해결할 수 있는 인물'이 아니다. 정확하게 말하자면, '가장 문제를 해결할 수 없는 캐릭터'다. 하지만 캐릭터에서 벗어나 가족의 '구조'를 중심에 놓고 보면, 강준상은 모든 문제의 중심에 있고, 게다가 해결할 수 있는 위치에 있다. 사실 중요한 것은 강준상이 가족의 상징적 질서 안에서 차지하는 위치, 즉 위치성(positionality)이라고 할 수 있다. 강준상은 가부장이라는 위치를 차지하고 있다. 그 위치에서 해결자의 포스가 나온다.

생각해보자. 강준상은 누구인가? 윤 여사의 삶이 목적이자 한서진의 삶의 기반이다. 윤 여사의 수족처럼 시키는 대로 살아왔지만, 강준상이 차지한 자리는 윤 여사가 절대로 도달할 수 없는 자리다. 그래서 강준상이 '아니다'라고 말하는 것은 말 이상의 의미를 갖는다. 돈과 지위와 가부장의 권위가 있는 자리에서 나오는 선언은 여파가 크다. 그래서 어머니 윤 여사는 더 이상 강요하지 못하고 울음을 터뜨린다. 강준상의 내면은 여전히 아이지만, 가부장의 힘은 강하다. 마치 영화 「광해」에서 걸인이었던 자가 왕의 자리에 앉게 되면, 그 말은 걸인이 했다고 하더라도 왕의 위엄을 가지게 된다. 위치가 말하기 때문이다.

"당신도 당신 인생을 살아"

강준상의 말에 부인 한서진의 눈빛이 흔들린다. 위치가 말하기 때문이다. 강준상이 병원장이 되는 것, 윤 여사의 문법대로 사는 것은 가부장 강준상의 권력을 강화하는 과정이었고 그건 한서진에게도 영광이었다. 예서의 입시도 그 집안의 위계 속에서 중요했다. 그런 강준상이 집안의 문법을 바꾸겠다고 선포하는 것이다. 한서진은 한편으로 생각했을 것이다. '이렇게 열심히 살아왔는데, 그걸 다 물거품이 되게 하라고?' 그리고 동시에 불안 속에서 고민을 시작했을 것이다. '지금이 이 미친 짓을 중지할 수 있는 마지막 기회가 아닐까?'

노콘준상. 그는 껍데기지만, 알맹이를 채우지 못하며 살 수밖에 없었던, 소외되고 여린 인간이다. 영재의 아버지 역시 승진에 목숨을 걸던, 가정에서는 폭력을 일삼던 우리 시대의 적지 않은 아버지 상이다. 그 아버지들이 문제의 해결사로 등장하는 것이 '같잖'을 수는 있지만, 사실 그들이 등장해야 스카이캐슬에 균열이 갈 수 있다.

아마도, 서준이와 기준이는 차 교수처럼 되지는 않을 것이고, 예빈이 역시 부모와는 다르게 살 것 같다. 하지만, 영재가 노트북을 남기고 떠나지 않았다면, 영재의 미래도 영재 아버지였을 것이고 우수한은 우양우와 비슷하게 자랐을 것이다. 우리 예서는 노콘준상과 다른 존재처럼 느껴질지 모르지만, 예서가 자라면 준상이 될 수밖에 없다. 성인이 되고 나서, 똑같이 자기 아이들을 드잡이 할지도 모르겠다.

어쩌면 우리 사회의 수많은 윤 여사들은 기준이와 예빈이 같은 개성 강한 아이들을 매일 순치하고 있는지도 모른다. 입시는 욕망을 가족 안에 심어넣고, 인간을 바꾸어내기 때문이다. 바뀐 아이들은 좌절의 경험을 '과거의 치기어림'이라고 생각할지도 모른다. 누구나, 현재의 자기를 만든 과거의 경험을 긍정적으로 평가하기 때문이다. 그래서 입시는 제도에서 그치지 않고 정체성으로 파고든다. 윤 여사 같은 어머니들이 죽순처럼 생겨나지 않도록 '사회적 욕망'이 어떻게 작동하는지에 대해 심각하게 고민해보아야 한다.

그런데 교육부는...

교육부는 장안의 화제가 되었던 스카이캐슬이 종영하기도 전인 2019년 1월 24일, '고액 입시컨설팅, 선행학습 등의 사교육에 대처하기 위해 합동 단속'에 나설 것임을 발표했다.

교육부가 드라마 「SKY캐슬(스카이캐슬)」에 등장하는 입시 코디네이터 등 초고액 사교육 시장을 점검한다. 24일 교육부, 공정거래위원회, 보건복지부, 여성가족부, 국세청, 경찰청과 함께 '학원 등 합동점검 범부처협의회'를 개최하고

이 달말부터 11월까지 총 10회에 걸쳐 합동점검을 실시한다고 밝혔다. 점검 대상은 서울 강남4구와 양천·노원구, 일산·분당 신도시, 용인, 수원, 부산, 대구, 세종 등 대도시 학원 밀집지역이다.

스카이캐슬의 바람이 대단하긴 했던 것 같다. 정부 부처가 움직였으니 말이다. 문제는 그 대책이 '단속'에 머물고 있다는 사실이다. 스카이캐슬이 제기한 논점은 비싼 입시코디가 존재한다는 것이 아니라 입시제도가 아이들을 더 피폐하게 만들고 있다는 것이다. 그런데 정작 그 드라마를 본 학부모들은 학원에 코디를 구할 수 없는지를 묻는다. 그러니 교육부는 단속에 나서겠다는 것이다.

물론 과도한 사교육에 대한 집착은 줄여나가도록 제도가 작동해야 한다. 하지만 이런 식으로는 문제 해결이 안 된다. 학부모들은 자신이 감당할 수 없는 입시 상황이 펼쳐지면, 학원으로 달려가게 되어 있다. 전형이 만여 가지에 이르는데, 어떤 부모가 그것을 감당할 수 있겠는가. 게다가 사교육시장에서 그것을 해결해줄 수 있다는데 왜 안

가겠는가. 자신의 연봉을 바쳐서라도 아이의 입학만 해결된다면, 불법이 문제겠는가.

대학의 입맛에 맞게 더 잘 만들어내는 서류가 채택되는 입시 구조하에서는 어떤 단속도 무의미하다. “감당하실 수 있느냐”는 코디의 물음에 부모들은 “감당하겠다”고 선언할 것이고, 입시학원들은 부모들의 욕망을 먹고 더 크게 자랄 것이기 때문이다. 더 많은 단속이 있을수록 그들의 몸값이 치솟을 것은 불을 보듯 뻔하다.

2019년 현재, 자소서 검토는 일반적으로 건당 대략 500만 원에 이르고, 어떤 학생은 ‘아무것도 고칠 것 없다’는 검토결과와 함께 300만 원을 되돌려 받았다고 한다. 검토에만 200만 원? 엄마들의 모임에서는 ‘돈의 일부를 돌려준 것이 감사하다’라는 입장과 ‘수정도 안 했으니 돈을 다 돌려줘야 한다’는 입장이 대립했다는 후문. 이것이 지방 소도시의 현실이다.

오히려 우리는 다른 방식으로 의문을 던져야 한다. 서울대에서 제시한 합격생의 자소서 예시에 왜 초고난도의 수학문제를 풀었던 경험이 들어가 있는가? 고등학생들이 높은 수준의 저널에 쓴 논문에 왜 높은 가중치를 부여하는가? 대학이 강남 출신-자사고 출신을 우대하는 경우, 이에 대한 강력한 제재를 가했다는 소식은 왜 들리지 않는가? 대학이 입학사정관을 제대로 키우고, 이들이 잠재력을 중심으로 아이들을 평가하게 하기 위한 노력은 기울이지 않은 상태에서 고등학생이 어떻게 모든 자료를 멋지게 편성해서 제출할 수 있는가? 결국 학종은 원래의 취지는 사라진 채 내신 성적으로 축소되고, 수능은 학력고사를 그대로 잇는 이런 입시가 계속 되게 놓아둘 것인가?

학부모를 탓할 것도, 학교를 탓할 것도 아니다. 대학과 국가의 제도가 지향성을 분명히 하지 않으면, 욕망은 더 뜨거운 용광로로 들어간다. 하지만 여기서 반드시 짚고 넘어가야 하는 것은, '더 무서운 것은 용광로가 다 식어버리는 것'이라는 사실이다. 어려운 처지의 아이들이 포기하고, 그들의 부모가 포기하고 나면, 한국사회는 평등이나 기회에 대한 열망이나 노력이 사라진 차가운 공간이 될지도 모른다. 역기능처럼 보이지만, 부모들의 교육열은 여전하고, 아이들을 위해 최선을 다한다. 아직은 시간이 있다.

그래도 건강한 아이들

대개의 사회는 잘 적응한 대다수와 부적응한 소수의 조합으로 굴러간다. 때로는 소수가 다수에게 일침을 가하면서, 또 때로는 다수가 소수에게 혜택을 베풀면서 사회는 역동성을 가지고 발전한다. 우리 사회에서 40대 이상의 성인들은 대개 모범생-날라리, 즉 수동적인 모범생과 능동적인 날라리의 양강 구도에 익숙할 것이다. 모범생은 명문대에 가지만 사회적 규율이나 훈육에 길들여져 있고, 그래서 사회성이 뒤떨어진 경우가 많다. 공부는 잘하지만, 공부'만' 잘하는 경우가 많다. 386세대의 문화 속에서는 공부 잘한

것도 계급적인 배경, 즉 어느 정도 여유가 있었던 덕분이라는 생각을 갖는 경우도 많다. 대학은 30%만의 특혜였으므로, 대학에 갈 수 있을 만큼의 경제적 여유에 대해 감사하는 마음을 갖는 것이다.

날라리는 또 그 나름대로 학교에 반항하면서 자기가 원하는 대로 살았다는 자부심(?)이 있다. 대학은 못 갔어도 자영업을 하며 호쾌하게 사는 사람도 많다. 물론 사회경제적인 호황이 그들의 만족감을 보장해준 측면이 있으나, 학교 생활만 보더라도 공부를 잘하면 잘하는 대로, 못하면 못하는 대로 '이만하면 행복하다'고 여긴다.

이제는 그렇지 않다. 2017년 연세대 사회발전연구소가 유니세프의 어린이·청소년 행복지수를 활용해 조사한 결과에 따르면, 우리나라 학생의 주관적 행복지수는 조사 대상인 22개 OECD 회원국 중 20위(88점)를 기록했다. 당연하다. 사회경제적 지위와 무관하게, 학력과 무관하게, 학교에서의 삶이 행복하지 못하기 때문이다.

입시가 혹독하다거나, 입시제도가 문제라서가 아니다. 입시를 대하는 자세가 문제다. 대학에 가서도 명문대 출신은 명문대 출신대로 더 좋은 성적, 더 좋은 직장을 가지지 못할지도 모른다는 불안감에 시달리고, 소위 '지잡대' 출신은 지잡대 출신대로 '이생망(이번 생은 망했다)'이라고 자조하며 산다. 어떤 계층도 행복하지 못한 셈이다.

더군다나, 규범적으로도 일종의 아노미 상태다. '옳음'이 사라졌기 때문이다. 상당수의 학교에서, 성적 좋은 학생 가운데 일진이 포진하고, 성적이 나쁜 학생은 오히려 '찌질한' 상태로 머문다. 소위 '모범적' 학생이 내면적으로는 일탈적이고, 일탈적인 학생이 내면적으로는 순응적인 셈이다. 극단적으로 말하자면, '위선적 능동성의 1강 구도'로, 성적이 좋은 학생이 다 가지는 승자독식의 문화가 작동한다. Winner takes all! 대의나 사회를 위해서가 아니라, '나를 위해서' 모든 걸 가지는 것이 정당하다는 구도가 되는 것이다.

모범생들은 어떻게 그런 태도를 가지게 되었을까? 예서처럼 자랐기 때문이다. 이들은 부모의 입시전략은 수용하되, 사회적 도덕이나 규범을 철저히 무시한다. 부모가 대의나 규범을 존중하는 모습을 별로 본 적이 없기 때문이다. 부모는 아이를 강력하게 훈육했지만, 그건 아이가 경쟁에서 이기도록 하기 위한 것이었지, 올바른 사람이 되도록 하기 위한 것이 아니었다. 부모는 아이의 이익을 위해 닦달했고, 아이는 대가로 내면의 자유를 내놓았다.

아이들은 부모에게 자아를 내어주고 공부하는 '역할'을 수행했으므로, '나의 자유를 희생한 대가'를 받아야 한다고 여긴다. 공부가 일종의 희생이라 여기는 희생심리는 스카이캐슬에도 잘 나온다. 영재는 부모를 자살로 몰아갈 정도로 복수심에 불탄다. 영재의 선배 역시 자살로 부모에게 자신이 얼마나 희생된 것인지를 알린다. 자기가 원하지 않는 일을 부모가 강요해서 할 수밖에 없었기 때문이다.

스스로 희생당하고 있다고 여기며, 성적에게 자아를 내주었기 때문에, 그렇게 해서 공부를 잘하게 된 아이들은 '공부 못하는 아이들'이 사회적으로 보상을 받지 못하는 게 당연하다고 생각한다. 그들이 갑질을 당해도, 그럴 만한 거다. 당해도 싸다. 부모가 수도 없이 말한 대로 성적이 나쁜 아이들, 그래서 입시에 실패한 아이들은 "사회적 패배자"이기 때문이다. 게다가 공부를 잘하건 못하건, 인격적 존중을 받아본 적이 없다.

성적이 나쁜 학생도 이런 사고에 동의한다. 이들은 겉으로는 문신을 하거나 담배를 피우지만, 마음 깊은 곳에서는 '나는 이런 대우를 받아도 싸다'고 스스로를 비난하면서 외부의 권위를 그대로 수용한다. 사실상 '미래의 나'를 포기하는 것이다.

오찬호의 『우리는 차별에 찬성합니다』에는 20대들의 이런 서열에 대한 복종 양상이 잘 드러나 있다. 명문대는 인서울을, 인서울은 지방대를 무시한다. 지방대 차별을 다룬 영화를 보고 울기는 했지만, 그 불공평함을 물어보면 인서울 학생들은 "지방대는 저희 학교보다 대학 서열이 낮아도 한참 낮은 곳인데, 제가 그쪽 학교의 학생들과 같은 급으로 취급을 받는 건 말이 안 되죠!"라고 답한다.

명문대 안에서는? 성적이 더 높은 학과가 낮은 학과를 차별한다. 경영학과에 다니는 학생은 자기 학과가 다른 학과보다 훨씬 뛰어나다고 믿으며, 겨우 턱걸이해서 학교에 들어온 것으로 간주되는 '후진' 학과나 타학과 학생들을 '개무시'한다. 지역균형, 기회균등 전형으로 들어온 학생들을 '지균충' '기균충'이라 부르며 무시한다. 전면적 아노미[6] 상태가 전개되고 있는 것이다.

차 교수의 말은 한국의 사회상을 명료하게 반영하고 있다. '피라미드의 꼭대기'가 모든 것을 차지하는 승자독식의 사회. 그래서 자기자식만큼은 피라미드의 꼭대기에 올라가기를 바라는 것이 마땅하고, 자식을 그렇게 몰아가는 것을 의무로 여겨야 하는 부모. 그래서 결국 피라미드의 꼭대기에 올라가는 데 실패하면 인생이 실패한 것이 되는 불행가속화의 등식.

그런데, 흥미롭게도, 스카이캐슬에서 이런 세계관에 동참한 아이들은 별로 보이지 않는다. 차 교수의 강력한 드라이브에도 불구하고, 쌍둥이 아들들은 물론, 가짜학생 노릇을 하던 딸까지도 주눅드는 법이 없다. 공부를 못하는 진진희의 아들 수한이는 피라미드의 꼭대기론을 듣고 온 엄마의 유도신문에 이렇게 대응하지 않는가.

"피라미드에서는 미라가 맨 꼭대기에 있는 게 아니라 (가운데를 가리키며) 요기, 요기에 있대. 요기가 제일 좋은 거지. 중간이 최고야."

아이들의 이런 건강성에 대한 믿음이 어떤 면에서는 스카이캐슬을 마음 편히 볼 수 있게 하는 힘이다. 만약, 스카이캐슬의 모든 아이들이 부모가 시키는 대로 꼭대기를 향하여 경쟁하고, 남을 모략하고, 시험지를 빼돌렸다면, 아마 시청자들은 드라마 보는 내내 마음이 답답했을 것이다. 예빈이는 항상 삐딱하게 진실을 말하고, 기준이와 서준이는 아버지를 번쩍 들어 밖으로 내보낸다. 아이들의 저항과 건강함으로 인해, 스카이캐슬은 살 만한 공간으로 전환된다. 문제는 부모의, 그리고 사회의 지원이다.

사회적 변화는 일부에서 시작되고 있다. 대학진학률만 보더라도 2008년 83.8%에서 2018년 69.7%로 급속하게 하락하였다. 대학에 가야만 한다는 고정관념에서 이탈하는 층이 늘어나고 있는 것이다. 하지만 이런 시도가 잘 정착되기 위해서는 사회적 제도 개혁이 필수적이다.

청년 단체와 전문가들은 우리 사회가 여전히 대학에

가지 않은 청년들을 포용하지 못한다고 지적한다. 나현우 청년유니온 기획팀장은 "학벌에 따라 차별 없는 사회를 만들어야 한다고 외치지만 사실상 취업 정책과 청년 정책은 대졸자 중심으로 짜여져 있다"고 말했다. 이어 "학력 때문에 단순 노동 일자리만 계속 전전하는 구조를 바꿔야 청년 빈곤도 해결될 것"이라며 "숙련 형성을 위해 교육 훈련의 질을 높이고 장기적 진로 모색 프로그램을 제공해야 한다"고 말했다.

남미자 경기교육연구원 연구원은 "일반계 고등학교는 대학 진학 기관이 아닌 공교육 기관이기 때문에 진학 결정과 상관없이 필요한 교육을 받을 수 있어야 한다"며 "비진학 청년을 위해 내실 있는 교육 과정을 마련하거나 학교 밖 수업을 인정해주는 등 다양한 대안이 필요하다"고 말했다. 또 "아르바이트와 직업 훈련을 병행하는 청년들이 일을 못하더라도 최소한의 삶을 유지할 수 있도록 기본소득 도입 등 적극적 정책을 고민할 필요가 있다"고 말했다.

김지예 기자 '대학 밖에서 꿈을 찾는, 나는 비대학생입니다'
(서울신문, 2019년 2월 24일 자)

3
캐슬 안의 가족들

스카이캐슬의 가족 특성은 제각각이다. 귀족적인 품성부터 천박한 감수성, 하층의 습성에 이르기까지, 이질적인 가족들이 교류하고 대립한다. 어떤 가족은 가난한 남자와 부유한 여자의 결혼으로, 또 어떤 가족은 부유한 남자와 가난한 여자의 결합으로 탄생했다. 대안학교운동의 선구자쯤으로 보이는 감수성을 가진 가족이 이주해 오기도 한다. 이런 여러 가족의 군상으로, 스카이캐슬의 외연이 넓어진다. 여러 인물들이 우리에게 숨어 있는 여러 모습들을 체현하고 있기 때문이다.

“3대째 서울의대 집안”: 예서네

아갈미향, 노콘준상, 우리 예서로 트위터를 장식했던 예서네는 가장 이상해 보이는 가족이지만, ‘3대째 서울의대’에 대한 몰입만 빼면 한국사회의 전형적인 가족이다. 현대 미국 사회학의 태두 파슨즈(Talcott Parsons)는 가족이란 ‘사회적으로 순기능을 수행하는 중요한 단위’라고 보면서, 남편은 도구적 역할을, 아내는 정서표현적 역할을 수행하도록 구조화되어 있다고 말한다. 남편은 돈을 벌어오는 도구적 역할을, 부인은 아이를 키우고 가족이 단란하게 하는 정서적 역할을 해서, 결국 사회가 기능적으로 원활해진다는 것이다. 이런 남녀의 공적-사적 영역의 분할은 자녀교육에서의 역할분담으로 나아간다.

예서네는 이런 가족의 전형성을 가지고 있다. 남편은 좋은 집안 출신의 잘나가는 의사이고, 부인은 가난한 집 출신이지만 현명하게 집안 관리를 잘한다. 두 딸은 각자 개성이 강하고, 큰딸은 공부를 잘한다. 스카이캐슬이라는 것만 빼면, 한국의 일반적인 가족의 구조와 유사하다.

여기에 입시가 개입한다. 엄마 한서진은 아들을 못 낳았다. 시어머니는 탐탁지 않은 못사는 집 출신 며느리가 아들도 못 낳은 것이 마땅치 않다. 한서진은 목표를 수정한다. 아들 대신 딸로 승부하기로 한다. 딸도 아들 못지않으니 '3대째 서울의대'라는 목표를 달성하기만 하면, 자신에 대한 비하도 그칠 것이다, 라고 말이다. 온갖 모임을 만들고 과외활동을 조직하고, 경시대회에 나가게끔 한 동력이 예서에 대한 사랑만은 아니었다. 이를 악물고 버텨내야 했고, 아이를 적절히 몰아대야 했을 것이다. 이렇게 해서, '입시가족'이 탄생한다.

예일대의 에이미 추아 교수는 중국의 엄격한 엄마들을

'호랑이 엄마(tiger mother)'라고 부르면서, 한국과 인도가 유사하게 아이들의 능력을 키우기 위해 혹독한 규율을 부과한다고 본다. 물론 전통적 교육방식이 달랐기 때문일 수도 있다. 하지만 사회의 특징을 보자면, 이들 나라는 여성의 사회적 지위가 상대적으로 낮고 가족주의적 전통이 강하다. 엄마들이 사회적 압력 속에서 자신의 존재를 증명하고자 아이들을 '유능한' 존재로 만들기 위해 분투하게 되어 있다는 것이다. 김주영이 전업주부 엄마를 자기 학생의 조건으로 제시하는 이유도, 전업주부는 자신의 인정투쟁 욕구로 더욱 아이에게 몰입하게 되기 때문일 거다.

예서는 아마도, 아주 어릴 때부터 엄마의 기대를 느꼈을 것이고, 성적을 자부심으로 느끼며 자아를 키워왔을 것이다. 이 칭찬은 자기만을 위한 것이 아니기도 했다. 전과목 만점의 전교 1등을 하자, 엄마는 여러 엄마들로부터 식사 대접을 받고, 여왕처럼 군림한다. 공부를 잘하고 보니, 모든 사회가 찬사를 보내는 것이다! 서울의대는 엄마가 부여해준 목표였지만, 그렇게 예서 자신의 욕망으로 안착하기에 이른다. 엄마보다 더 강력하게 입시성과에 집착하게 되는 것이다.

내면적으로, 예서는 강준상의 확대 재생산판이다. 강준상이 엄마 윤 여사의 강압에 못 이겨 공부했다면, 예서는 스스로 1등이 되고자 안달이 나 있다. 부모가 시키는 대로 할 뿐 자기의 욕망은 밀쳐두고 사는 수동적 인간이 강준상이라면, 예서는 엄마를 밀어붙이면서 최고의 코디를 요구한다. 동일하게 엄마의 욕망대로 살고 있지만 예서는 한 발짝 더 나가 있는 것이다.

왜 예서와 준상은 엄마의 욕망을 자신의 것으로 가지게 되었을까? 비유적으로 말하자면, 엄마가 아이의 마음을 식민화하는 데 성공했기 때문이다. 식민모국이 식민지를 지배하는 것처럼, 어떤 엄마들은 아이들의 마음을 지배한다. 무서운 말처럼 들리지만, 우리 주변에 이런 경우는 흔하다. 마마보이는 이런 지배가 잘 구축된 남자사람을 일컫는다. 그러면 왜 어떤 엄마는 마마보이를 만들고 어떤 엄마는 그렇지 못한가?

이를 설명하는 개념이 형식적-실질적 포섭이다. 부모가 아이에게 공부하라고 말할 뿐, 아이의 마음과 행동을 근본적으로 건드릴 수 없는 상태가 '형식적 포섭'이라면, 마음이 온전히 부모에게 식민화되어 있는 상태는 '실질적 포섭'이라고 할 수 있다.

예를 들어, 부모가 아무리 소리를 지르고 화를 내고 폭언을 하거나 손찌검을 한다고 해도, 또는 성적이 잘 나오면 용돈을 올려준다거나 원하는 물건을 사준다고 해도, 자녀가 이를 거부할 수 있는 상태는 형식적 포섭의 상태다. 아이는 가출을 하지 않아 부모의 통제권 안에 있으나, 거부하고 있다면 실질적으로 포섭한 상태는 아니다.

하지만 자녀가 부모의 뜻을 그대로 받들고 있다면, 더 나아가 알아서 부모의 뜻을 실현하기 위해 부심한다면, 그것은 실질적 포섭의 상태다. 대개 아이들의 학습과정의 매 순간 개입하고, 아이의 생활에 대해 보고받고 지시하고 있다면, 그래서 아이들이 '엄마는 모든 걸 다 알고 있고, 엄마가 옳아'라고 생각한다면, 이것은 실질적으로 포섭된 것이다. 아이들은 굳이 부모가 지시하거나 야단치지 않더라도 자신이 한 행동을 부모가 알고 있다고 여기므로 스스로 부모의 관점에 맞춰 생활하게 될 가능성이 높다. 아이는 부모에게 온전히 종속되며, 그 안에서 편안함을 느끼게 되는 것이다. 이것이 자녀의 마음이 부모에 의해 일종의 '식민화된 상태'다.

이렇게 되면, 고등학교는 물론 대학에 가서도, 군대 입대는 물론 직장에 취업하고 나서도 부모는 그림자 이상이다. '대신 살아준다'는 말이 무색할 정도로 자녀의 삶에 개입하고 있다. 실질적 포섭이 완성되었기 때문이다.

문제는 실질적 포섭의 상태로는 인간이 주체로서의 자존감을 느끼며 살기 어렵다는 점이다. 준상은 윤 여사에게 실질적으로 포섭된 상태로, 준상의 선택은 윤 여사가 모두 결정한 것들이다. 그래서 수많은 성취 속에서도 준상은 '이것은 내 것이 아닌데……'라는 공허감을 가지고 살았던 것이다.

그러면 예서는? 엄마에게 실질적으로 포섭된 아이다. 서울의대라는 엄마의 욕망을, 자신의 것으로 받아들인 아이다. 엄마의 욕망이 엄마의 것으로 인식된 것이 아니라, 자신의 것이라 믿게 된 상태, 즉 실질적 포섭이 이루어진 상태다.

정확히 말하자면, 예서는 거기서 더 나아가 포섭이 과잉 완성된 상태다. 전교 1등을 한 스스로가 너무나 자랑스럽고, 그래서 다른 모든 욕구를 억누르고 시험을 위해 사는 것. 공부만 잘하면 다른 사람들이 자신의 까칠함을 받아들여준다고 혹은 받아들여줘야 한다고 믿는 것. 결국 성적이나 승진과 같은 사회적 인정체제에 더욱 몰입하게 되는 것.

갑질은 별 게 아니다. 약간의 희생의식과 약간의 과잉적응이 결합하면 타인이 눈에 보이지 않는다. 내가 얼마나 고생해서 이 자리에 올랐는데… 라는 생각을 하는 순간, 그렇지 않은 타인들은 무가치해진다. 예서는 혜나의 사건이 없었다면 아마도 갑질 엘리트로 컸을 것이다. 이것이 예서가 준상보다 더 나아간 '과잉'의 지점이다.

이런 부모의 개입은 결혼으로까지 지어지고 있다. 다음 기사를 보자.

> 기존 맞선이 결혼 당사자인 남녀가 만나는 것이라면, 대리 맞선은 당사자들 몰래 부모가 먼저 만나는 경우다.

대리 맞선에서는 양가 부모가 서로 조건을 따져보고 혼수나 집 장만할 때 비용 분담까지 논의한다고 한다. 부모끼리 의견이 맞으면 그제서야 자녀들에게 소개해 만남을 추진한다. 이제는 자녀의 결혼 상대마저 부모가 나서서 고르는 셈이다. 방배결혼정보회사 대표 차일호 씨는 "부모가 대신 등록하는 경우도 많고 요즘은 등록하는 10명 중 2명꼴로 대리 맞선을 본다"고 말했다.

결혼정보업체들은 이런 추세를 반영해 부모 고객(?)을 대상으로 한 서비스를 제공하기 시작했다. 결혼정보업체 듀오의 대표이사 박수경 씨는 몇 년 전부터 전국을 돌며 '자녀결혼전략 설명회'를 진행하고 있다. 매번 적게는 20명, 많게는 100명의 부모가 참석해 메모해가며 박 씨 말을 경청한다. 박 씨는 설명회에서 자녀를 결혼시키려면 전략이 필요함을 강조한다. 또한 그는 '선택과 집중'을 통해 배우자를 고르라고 조언한다. 배우자 선택의 주체가 자녀에서 부모로 넘어가는 세태를 반영한 것이다.

민선희, 헬리콥터 맘의 '황당한' 자녀 사랑 (월간중앙. 2016. 5월호)

부모가 지원을 넘어 아이의 내면을 장악하고, 자녀는 인생을 대행하는 그런 삶을 살게 되는 가족의 구조는 영국의 유명한 심리학자 브레드쇼의『가족』에 나오는 그림(134쪽)을 통해 좀 더 분명하게 파악할 수 있다. 아버지와 어머니 간에는 소통이 없고 자녀끼리도 내면적 소통이 없다. 아버지와 어머니는 각 자녀를 통제하되, 경우에 따라 또는 자녀의 성격에 따라 상호적이기도 한 관계가 진행된다.

우리 사회에서 중요한 것은 이 실선을 이어주는 힘이 '입시'라는 것이다. 가족소통의 중심에 대학입시에 실패할지 모른다, 취업에 실패할지 모른다는 불안이 있다. 그러다보니, 소통은 사라지고 '지시'와 '복종'만 남는다. 대학입시에 성공해야 한다는 결과가 가장 중요하기 때문이다. 결국 아이들은 공부하는 역할을 담당하고, 아버지는 돈을 벌어오는 역할, 어머니는 아이들을 통제하고 공부하도록 만드는 역할을 담당한다. '역기능 가족'이라 명명한 상황이 그대로 한국사회의 입시가족에 작동하고 있는 것이다.

이렇게 담장이 높은 자아 경계선을 가지는 체계에서는 타인에 대한 관심이 사라지는 것은 물론, 자신의 행동에

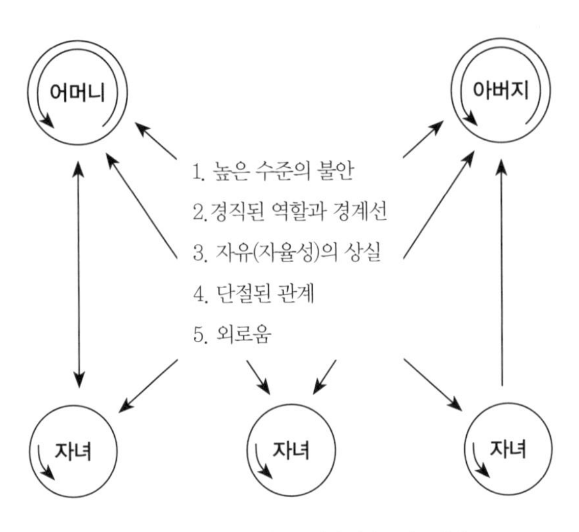

[그림] 담과 같은 경계선을 가진 역기능 가족체계

대해서조차 불안도가 높다. 관계는 단절되고, 외로움에 시달린다. 상하관계에 의해 조직이 유지되기 때문에 자유나 자율성은 찾아보기 어렵고, 결국 '해야 하는 일'을 그저 처리하는 선에서 현재의 상황이 유지될 뿐이다.

이런 가족 안에서는 자녀가 혹시 공부를 아주 잘한다고 해도 자아가 지극히 축소되어 정상적인 관계맺음이 불가능하다. 부모의 엄중한 감시 속에서 '시험을 잘 본다'는 역할만 수행하기 때문에 아이들은 상황을 판단하거나, 갈등에 대해 협상하고, 부딪히면서 자아가 성장하는 경험을 하기 어렵다. 인간에 대한 평가는 성적에 국한된다. 생존경쟁, 생존본능, 생존의 논리만이 남는다. 분명히 아이를 위해 시작한 '관리'인데, 아이는 학대가족의 자녀와 유사하게 되어버린 것이다.

살인사건이 없었다면, 예서는 준상처럼 살았을 것이고, 윤 여사를 닮은 어른이 되었을 것이다. 역기능 가족 속에서 목표 초과달성! 예서가 과잉 적응의 결과로 초과달성을 이루는 그때가 되면, 아갈미향과 노콘준상은 쓸모 없는 인간으로 취급될 것이다. 예서의 가치체계 속에 '늙음'은 자리할 곳이 없는 최종적 소외계층이기 때문이다.

예빈과 예서의 관계 역시 회복될 리는 만무였을 것이다. 물론 둘째 예빈이는 예서와 다르다. 별로 예쁘지도, 똑똑하지도 않고, 엄마의 관심에서 약간 밀려나 있다. 예빈이도 처음에는 엄마 눈에 들기 위해 노력했을 것이다. 하지만 언니와 엄마는 입시라는 목표로 똘똘 뭉쳐 있어 밀고

들어갈 여지가 없다. 절도를 해보고 대들어본다. 엄마의 관심을 받기 위해서다. 혜나가 공부를 가르치고 성적이 오르자 열망이 가득해진다. 나도 언니처럼 될 수 있지 않을까…….

독립적이고 주체적인 듯 보이지만, 마음속에는 외로움과 인정욕구가 가득한 막내일 수밖에 없었던 것이다. 예빈은 예서를 인간쓰레기로 볼 것이고, 예서는 예빈이를 무능한 인간으로 비하했을 것이다. 가족에서 일정한 방식으로 소통채널이 완성되면, 그걸 다시 그리는 일은 정말로 어렵다. 스카이캐슬은, 살인사건과 같은 메가톤급 사건만이 이 역기능 가족의 구조를 흔들고 부부 사이의 화살표를 다시 그리게끔 할 수 있다는 메시지를 던진다.

"아빠, 밖으로 모셔라" : 차 교수네

아버지는 돈을 벌고, 엄마는 살림을 하는 전형적인 가족, 그러나 권력이 아버지에게 집중되어 있으며 아이들의 입시까지 아버지가 담당하는 그런 가족이 차 교수네다. 폭력적인 아버지와 온화한 엄마의 조합. 처음에 엄마 노승혜는 아버지와 보조를 맞추기 위해 애쓰지만, 시간이 지남에 따라 가치관의 거리는 점점 멀어진다. 사실 누구나 그렇듯, 잘할 때는 아무 문제가 없다. 아이들이 정해진 목표를 달성하지 못할 때, 아이들에 대한 입장 차이는 분명하게 드러나고, 그 갈등이 참을 수 없는 지점에 이르게 된다.

부모는 어떤 존재여야 하는가? 차민혁에게 부모는 '타의 모범'이 되는 도덕적 존재라거나 언제나 따뜻하게 품어주는 정서적 존재가 아니다. 아이들이 성공할 수 있도록 채찍질하고 더 발전하도록 밀어붙이는 존재다. 훈육을 위해 강제와 간섭과 통제를 마다않는 존재다. 말하자면,

"책을 보기 싫어하면 책을 펴주는 게 부모의 도리야. 연필을 부러뜨려도 새 연필을 쥐어주는 게 부모의 도리라고."

아이들이 원하는 것을 해주는 것이 아니라, 아이들이 원하지 않아도 하도록 만드는 것. 이것이 차 교수의 머릿속에 깊이 뿌리내린 부모의 역할이다. 이런 부모관 속에서 부모는 행하는 자, 이미 진리를 아는 자, 앞서 나간 자이며, 반면에 자녀는 수용하는 자, 아무것도 모르는 존재다.

그러니 부모의 도리란, 아무것도 모르는 자녀에게 모든 것을 알려주는 일이다. 알려고 하지 않으면 야단치고 때려서라도 알려줘야 하는 것이다. 이것이 차 교수의 입장이다 보니, 차 교수는 단지 책을 펴주고 연필을 쥐어주는 데 그

칠 수 없다. 대한민국의 교육은 여기서 더 나아가기 때문이다.

> "현실을 직시해. 대한민국에서 교육이 뭔 줄 알아? 시험 잘 치게 하는 거야. 일단 한 번 성적 잘 나오면 더 열심히 하게 되어 있어. 성공의 기억, 그게 바로 동기부여가 되니까. 그걸 만들어주는 게 부모의 룰이라구. 두고 봐."

'교육=입시 성공'이라는 분명한 공식 위에서, 책을 펴주고 연필 바꿔주던 부모는 수단과 방법을 가리지 않고 시험을 잘 보도록 만들어주기 위해 부심하게 된다. 아마도 차 교수는, 자신의 어린 시절을 떠올렸을지도 모르겠다. 가난 속에서도 어려움을 딛고 공부에 매달려 성공했을 때의 그 강렬한 성취감! 사람마다 정도 차이는 있지만 이런 생각에 공감한다.

성공체험은 인생에서 아주 중요한 경험이다. 작은 성공체험이 자신감을 부여하고, 자아를 탄력 있게 만든다. 맞다. 문제는, 성공체험을 '만들어주는 것'이 '부모의 룰'이라고 여기는 데 있다. 그것이 부모의 역할이 되면, 아이의 성공을 만들기 위해 무리할 수밖에 없기 때문이다. 더군다나 경쟁적 입시에서 성공을 만들기 위해서는 친구에게 불이익을 주어야 할지도 모른다. 그것이 부모의 역할이라면, 부모는 그 순간 부모다움을 벗어난다.

차민혁은 법대 교수다. 시골 출신의 개룡남이지만, 서울법대에 성공적으로 진입했고, 주남대 교수직을 거머쥐었다. 누구보다 잘났으니, 누구의 말도 듣지 않는다. 이런 안하무인이 반복되니, 아이들은 힘에 겨울 수밖에 없다. 아버지가 명문대 로스쿨 교수라는 것만으로도 충분히 버거운데, 늘 부족한 부분에 대해 지적질을 당하기 때문이다. 아이들은 점점 더 고통에 시달리고, 결국 보다 못한 부인 노승혜가 결투의 장을 벌인다. 이것이 끊어져 있던 역기능 부부가 소통하는 방식이다.

노승혜는 아이들에게 좋은 엄마다. 아이들이 좋은 대학에 가기를 바라지만, 그건 아이들의 행복한 삶을 위해서다. 노승혜의 상식으로는 입시를 위해 거짓말해서는 안 되고, 입시 때문에 친구를 희생시켜서도 안 된다. 남편과의 시각차가 벌어지자, 노승혜는 차곡차곡 자신의 진영을 확보해간다. 감옥 같은 스터디룸을 부수고, 밥을 차려주지 않고, 이혼을 청구하고, 결국 아이들과 함께 이사 나가버린다.

물론 부모가 자녀가 원하는 것을 모두 수용해야 한다는 것은 아니다. 이론적으로도 그 반대다. 무엇이건 아이들이 원하는 대로 해주는 것은 오히려 아이들을 망치는 일이다. 부모가 단단한 원칙을 제시하지 않으면, 아이는 이드(Id)의 힘을 어떻게 잠재울지 몰라 어려움을 겪게 되어 있다. 그래서 과거 부모들은 매를 들었고, 칭찬에 인색했다. 아이들은 그 안에서 규범을 익혔고, 사회적 규칙에 적응했다.

프로이트가 말한 대로, 문화는 일종의 폭력이다. 사회적 존재가 되기 위해 우리는 우리의 욕망을 포기해야 한다. 손가락이 아니라 젓가락으로 밥을 먹기 위해 우리는 젓가락질을 배워야 하고 인내해야 한다. 여름에 벌거벗지 않고 지내기 위해 우리는 더위를 감내해야 한다. 타인을 존중하기 위해 우리는 근거 없이 비난하고 싶은 욕망을 억제해야 하고, 타인에게 피해를 주지 않기 위해 행동을 조심해야 한다.

이런 인내와 억압은 부모의 훈육에서 온다. 더불어 이런 인내의 과정 속에서 손가락의 소근육이 발달하고, 타인을 존중하면서 자신을 존중하게 되며, 사람들 속에서 즐거움을 찾아가게 된다. 차 교수가 아이들에게 훈육을 한다는 것 자체가 잘못된 것이 아니라는 말이다.

차 교수의 문제는 모든 훈육을 입시를 위해 작동시킨다는 점이다. 그는 아이를 올바른 사람으로 키우기 위해서가 아니라, 입시라는 성과를 내기 위해 자녀를 통제한다. 나아가서 입시의 결과로 사람의 가치를 평가하고, 그 결과가 좋지 않으면, 딸이건, 부인이건, 가차없이 내친다. '사람들'이 빠져 있기 때문이다. 당연히, 부인과 아이들이 읍소하는 내용을 전혀 듣지 않는다.

"내가, 이 차민혁이, 옳기 때문이다."

쌍둥이 아들 서준이와 기준이는 아버지의 말에 따르기

는 하지만, 내면적으로는 전혀 수용하지 않는다. 서준이는 아버지의 기에 눌려 있지만, 비뚤어진 표정을 짓는 기준이와 같은 마음이다. 위에서 설명한 개념으로 말하자면, 이 아이들에 대해서는 형식적 포섭만이 이루어져 있는 상태다.

누나 세리는 한때 아버지의 가장 자랑스러운 자녀였지만, 가짜 하버드대생임이 밝혀지면서 아버지 차민혁과 가장 적대적인 관계가 된다. 세리는 아버지의 기대에 부응하고 싶어 가짜 하버드대생으로 살았지만, 가짜 학생임이 밝혀지고 나자 "오히려 후련하다"며 아버지와의 전쟁을 선포한다. 그녀는 자신을 실패작이라 비난하는 아버지에게 이렇게 말한다.

"지금 나한테 실패작이라고 했어? 내가 왜 실패작이야. 아빠야말로 실패한 인생이야. 자식한테 존경받는 부모가 성공한 인생이라는데, 니들 아빠 존경해?……아빠야말로 젤 불쌍해. 아빤 철저히 실패했어. 바닥이야. 빵점이야."

세리는 아버지의 기질을 이어받은 맏딸이다. 대개 맏아이들은 부모의 투사 속에서 자라고, 그래서 부모에게 복종적인 경향이 있다. 하지만 세리는 미국에 사는 이모 밑에서 자랐다. 아버지의 기질을 가지고, 바로 그 아버지에게 저항할 수 있는 자유로운 내면을 키워온 것이다. 그래서 아버지와 맞짱을 뜬다. 세리가 대변하는 '자녀들의 입장'은 차 교수와 정반대편에 있다. 대학은 중요하지 않다. 대학이라는 타이틀에 집착하는 대부분의 부모는 부모로서 실격이다.

"돈만 대주면 부모야? 자식을 자랑거리로 삼으려고 키우는 게 무슨 부모야!"

참으로 어려운 문제다. 아이들은, 특히 청소년기의 아이들은 자신을 객관적으로 보기 어려운 두뇌구조를 가지고 있다. 청소년전기 즉 중학생 아이들의 두뇌발달을 보면, 이성적이고 논리적인 능력을 관장하는 전두엽은 리모델링 중이고, 본능에 충실한 변연계는 상대적으로 커서, 비유컨대 파충류적인 즉자성을 가진다. 충동적이고, 성욕과 식욕이 왕성하며, 욕을 입에 달고 살며, 무례하다. 생물학적 차원에서 밝혀진 몇 가지 내용만으로도, 청소년들이 자기중심적이며, 몽상적 사고를 많이 한다는 것은 분명하다.

그래서 그 이전의 신뢰와 도덕성의 구축이 중요하다. 부모는 아이들의 습관을 잡아주고, 사회의 논리나 규칙에 대해 준수할 것을 몸으로 보여주는 지루한 존재일 수밖에 없다. 하지만, 입시가족에서는 부모의 뜻은 어느덧 입시의 성공으로 대체되고, '일단은 대학을 잘 가야 한다'는 목적이 모든 행동과 원칙을 지배한다. 사회도 거기에 동조한다. 친척들이 모이면 무슨 이야기를 하는가? "공부 잘하니? 어느 대학 갔니? 몇 등 했니?" 주로 이런 질문 아닐까. 그리고 평가가 이어진다. 때로는 약간의 부러움, 때로는 약간의 경멸.

그런 사소하고도 중요한 이야기들 속에서, 대학을 잘 가는 것은 부모의 자랑이 되어버린다. 엄마들은 더하다. 아이의 성적으로 엄마가 칭찬을 받는다. 대학입학으로 포상을 받는다. 상황이 이러하니, 어떤 부모가 자식을 자랑거리로 삼고 싶지 않겠는가. 그러나 사실, 어떤 부모가 자식을 자랑거리로 삼으려고 키우겠는가.

아마도 차 교수는 진정으로, 아이들이 30대쯤 되면 자신의 생각을 이해해주리라 믿었을 것이다. 피라미드가 부서지고 아들들에게 쫓겨나도, 더 큰 피라미드를 대동하고 미소 지으며 들어온다. 왜? 자신이 옳기 때문이다. 차민혁은 대통령쯤으로 보이는 피라미드의 꼭대기에 도달하고 싶었지만 실패했다. 그래서 꼭대기에만 도달하면 엄청난 행복이 찾아올 것이라 믿는다. 그의 믿음에는 한 치의 흔들림도 없다. 왜? 그 자신이 아래를 향해서는 경멸을, 위를 향해서는 숭배를 해왔기 때문이다. 그래서 대화도, 소통도, 설득도 없다. 피라미드를 모르는 사람들은 가르쳐야 한다. 아이들은 그렇게 자라야 힘이 생긴다.

"선의의 경쟁이라는 말도 이긴 놈만 말할 수 있는 거야!"

결국, 이 외침을 들어야 할 부인과 아이들은 집을 떠난다. 텅 빈 캐슬 너머, 노승혜는 아이들과 즐겁게 저녁식사를 한다. 물론, 노승혜의 경제력이 없었다면, 이런 선택은 쉽지 않았을지 모른다. 하지만 그녀의 반성문은 그간의 인내와 통렬한 성찰이 없었으면 쓸 수 없는 명문이었고, 그래서 사람들은 노승혜를 '갓승혜'라 부르게 되었는지도 모르겠다.

> 가부장적인 친정 아버지의 그늘에서 벗어나고자
> 인생의 가치관에 대해 깊은 대화조차 나누지 않고
> 차민혁 씨 같은 남자와 결혼한 것을 반성합니다.
> 세 아이의 엄마로서
> 차민혁 씨의 강압적이고 폭력적인 교육방식으로부터
> 아이들을 보호하지 못하고
> 근 20년간 아이들이 당해온 고통을 방관한
> 저 자신을 깊이 반성합니다.
> 연장은 고쳐서 쓸 수 있지만
> 사람은 고쳐서 쓰는 게 아니라는 말을 무시하고
> 차민혁 씨에게 끝까지 일말의 희망을 버리지 못했던
> 저 자신을 통렬히 반성합니다.

그러나 이런 절절한 반성문의 통렬함은 최종회에서 갑자기 사라진다. 노승혜는 남편의 잠깐의 반성에 반색하고 돌아온다. 즉, 그녀의 반성문은 내면의 변화를 담은 선언문이 아니라, 남편의 변화를 촉구하기 위한 치유 전략에 불과했던 것이다. 노승혜는 집을 나가서도 남편만을 걱정하고, 약속만 하면 곧바로 집으로 달려와 평온하고 안전한 가정을 제공할 만반의 준비가 되어 있는 오, 마이, 갓, 승혜였던 것이다.

"입 다물고 있자고" : 진진희네

찐찐 혹은 러블리 찐찐이. 스카이캐슬에서 심각함을 코믹으로 바꿔놓는 캐릭터이자 누구도 미워하지 않는 인물이 아마도 진진희일 것이다. 진진희는 가족의 중심으로, 남편 우양우가 꼼짝도 못하는 어부인이자, 아들 우수한을 매니지하는 엄마다. 남편이 돈을 벌고 부인이 가사를 담당하는 전형적인 가족의 틀을 갖추고 있음에도 불구하고, 부인의 권력은 막강하다.

가부장적 가족구도를 살짝 벗어난 이런 부부관계는 부인이 남편의 직장에서의 포지션을 백업해주는 역할을 하기 때문에 가능하다. 스카이캐슬이라는 공간구조가 그것을 가능하게 한다. 임원들이 들어와 사는 사택에서는 부인간 서열과 유대가 무엇보다도 중요하기 때문이다. 진진희는 남편 상사의 부인, 한서진의 '꼬붕'이다. 한서진이 원하는 것을 말하기 전에 가져다 바치고, 한서진의 입장을 더 강하게, 더 많은 사람에게 전한다. 그래야 스카이캐슬의 생활이 유지되기 때문이다.

남편 우양우가 디스크 수술을 받게 되자 진진희는 처음에는 남편의 건강을 걱정한다. 상사 강준상이 자칫 수술을 잘못할 경우 '평생 병신으로 살 수는 없지 않은가'라는 것이 그녀의 입장. 당연히 수술을 잘하고 인간적인 교감도 잘하는 황치영에게 수술을 받을 것을 권한다. 남편의 허리가 제일 중요하다는 거다. 하지만 황치영에게 수술을 받는다는 것은 강준상의 얼굴에 먹칠을 하는 것이다. 공식적으로 강준상의 실력에 태클을 거는 일이 되어버리기 때문이다. 따라서 한서진은 가만히 있을 수 없다. 그녀는 진진희를 만나 한마디 던진다.

"라인에 들어가기 위해선 태산 같은 시간이 걸리지만, 미끄러지는 건 찰나다. 인정할 건 인정해야지."

그 말에 즉각 "언니 잘 들어가십시오"라며 90도로 인사한 진진희는 곧바로 집으로 뛰어들어가 남편에게 반대의 '지시'를 내린다. "강준상도 돌팔이는 아니니 내 팔자다, 라고 생각하고 수술 받으라"는 것이다. 왜? 강준상은 어떻게 보아도 "빽이 빵빵"하니 그쪽에 줄을 서야 하며, 수술을 받지 않는 것은 라인에서의 이탈을 의미하는 것이 분명해졌기 때문이다. 스카이캐슬에서 쫓겨날지도 모른다는 불안감. 그것이 모든 행동을 규제한다. 진진희는 곧바로 한서진의 기분을 풀어주기 위해 그녀가 좋아할 만한 명품 보석세트를 사서 선물로 건넨다.

표변. 촉. 감각.

이것이 진진희의 월등한 능력이다. 권력이건 명분이건, 여하튼 힘이 쏠리는 쪽으로의 이동. 누가 뭐라고 하건 원칙이 어떻건 상관없다. 촉이 오면 사태를 파악하고, 감각적으로 행동한다. 그녀가 남편 우양우와 짝을 이루어 고민하는 것은 '어떻게 이 사태에서 큰 피해를 보지 않고 빠져나갈 것인가'이다.

어찌 보면, 매우 얄미운 캐릭터이다. 원칙도 없고 지조도 없다. 권력에 따라 부침이 심하다. 하지만 진진희와 우양우는 밉지가 않다. 우리는 원래 때리는 시어머니보다 말리는 시누이를 더 미워하는 민족 아닌가? 하지만 이들이 그려지는 방식은 코믹하다. 시청자들은 '러블리'를 붙여 찐찐이를 애호한다.

이들에 대한 시청자들의 관용 혹은 친밀감은, 진진희 부부가 갖는 천진한 태도에서 찾을 수 있을 것이다. 진진희와 우양우는 거짓말을 해도 얼굴에 그대로 드러나고, 속마음을 시청자에게 알려준다. 지나치게 비도덕적인 행태를 보며 분노하지만, 자기 이익이 그것과 연결되어 있음을 깨닫는 순간 수그러든다. 한서진의 찍어누르는 말에 진진희가 답하는 방식을 보자.

한서진: "자긴 내가 시키는 대로 다 한다며? 난 명주언니 그림자도 안 밟았어. 어디서 따따부따야……. 선 넘지 마. 자기. 가끔 보면 찔끔찔끔 선 넘더라."

진희: (뒤로 돌아 혼잣말로) "자기가 무슨 38선이야. 뭔데 선을 넘지 말래."

진진희의 진심은 늘 혼잣말로만 표현된다. 권력자에게 대들지는 못하지만 그에 동조하지는 못하는 것. 인간으로서의 양심이 있지만, 자기의 지위를 유지하기 위해 양심선언까지는 할 용기는 없는 상태. 대부분의 사람들이 살아가는 그 일상의 선에 이들이 위치해 있다. 그래서 친근하고 때로 귀엽고, 공감을 일으킨다.

그들 부부에게는 권력이 없다. 늘 타인이 부여하는 권한으로 살아간다. 이들은 '악함'이 아니라 '찌질함'으로 살고 있다. 이들은 직장에서 쫓겨나지 않기 위해 벌벌 떨고, 상사의 눈 밖에 날까 두려워 과잉충성을 한다. 이들은 침대에서 권력자들의 태도가 갖는 파렴치함에 놀라 입을 벌리지만, 서로의 입을 지퍼처럼 닫는다. 사태의 심각성에 입이 벌어지지만, 서로의 입을 닫아준다. 왜? 살아남기 위해.

사실, 이들이 느끼는 직장에서의 '위협감'은 우리의 경험과 맞닿아 있다. 아버지들의 나이는 대략 48세, IMF 때 대학을 졸업하고 취업전선에 뛰어든 세대다. 엄청나게 많은 청년들이, 당시 취업통보를 받았으나 곧 무산통지를 받았고, 수습 딱지를 떼지 못하고 해고되었다. 구조조정이 밀어닥쳤고, 수많은 친구들이 갑자기 거리에 나앉는 장면을 목격해야 했다.

우양우의 자리는 그런 사회구조적 비극을 겨우 거슬러 올라와 앉은 자리다. 아무리 찌질하더라도, 그들이 앉은 자리는 자신의 자존심의 근원이고, 가족의 생존을 보장하는 밥줄이다. 우양우가 아무 말을 못해도, 진진희가 90도로 인사를 하더라도, 그것은 치졸하거나 아부하는 장면으로가 아니라, 살아가기 위한 최소한의 비겁으로 이해되는 것이다.

그래서 우양우와 진진희는 논리적이거나 치밀하거나, 전략적이거나 미래지향적이지 않다. 이들은 생존이 중요한 대부분의 서민의 정서를 대변한다. 승진을 마다하지는 않지만 최고를 원하지 않는다. 입시가 중요하지만, 아들에게 상처를 주고 싶지는 않다. 그래서 진진희의 위협은 '형식적 포섭'에 머문다. 진진희에게 입시성공은 내면화된 욕망이 아니라 일종의 '트렌드 따라가기'다.

아들 우수한이 우수하지 못해 가출을 감행할 때, 진진희의 반응은 이런 '서민의 정서'를 잘 반영한다. 아들의 행복만을 바라는 소박한 엄마. 성적이 향상되기를 바라지만, 못하면 실망하며 포기하고 마는 그런 엄마. 그래서 차민혁표 '피라미드론'을 전개하려는 부모 앞에서 우수한은, 학생이 해야 할 일이란 "밥 잘 먹고, 잠 잘 자고, 똥 잘 싸는 것"이라고 천연덕스럽게 대꾸할 수 있었던 것이다.

우수한은 자기 영역을 구축하고, 부모의 압력을 비껴가면서 스스로의 길을 찾아나간다. 부모는 적당히 실망하고 적당히 양보한다. 스카이캐슬의 매력은 이런 건강한 서민의 가족을, 그 찌질한 일상을 유쾌하게 섞어 넣은 데 있다.

옳아, 그런데 왠지 비호감 : 우주네

여기 이상적인 가족이 있다. 남편 황치영은 지잡대 출신이지만 누구보다도 실력이 있고, 인술을 펼쳐 누구에게나 존경을 받으며, 원칙과 명분으로 살아가는, 가정에서조차 인격적인 사람. 부인 이수임은 아이들에 대한 애정이 남달라, 교생 시절 사고로 죽은 학생을 마음에 품고 십수 년을 살며, 재혼한 후 전 부인의 아이를 최선을 다해 키우는 사랑의 화신. 돈이나 명예는 이들의 목표가 아니라, 열심히 사니 따라오는 어떤 것이다. 아들 우주 역시 자기가 원하는 것 이외에는 사교육 한 번 받지 않고 공부하지만, 예서와 공동 수석으로 입학할 정도로 뛰어난 아이다.

'세상에 이런 집이!'라고 감탄할 정도의 가족이다. '역기능'이라고는 존재하지 않는 모범적 가족이다. 부러워할 법하지만, 사실 그들에게 시청자들이 느끼는 감정은 거리감과 비아냥이다. 별로 노력하지도 않는 것 같고 애달파하지도 않는데, 모든 것을 다 가지고 있는 사람들. 정의감이 사치처럼 느껴지는 사람들. 옳은 일을 하지만 상대방 입장에서서 배려한다는 게 뭔지 모르는 사람들. 그래서 그들에 대한 네티즌들의 태도는 싸늘함이었다. 네티즌의 반응을 보자.

솔까 사람 사는 데 보살 같은 존재가 어딨음 황치영도 실수하고 이수임도 실수하고

우주네 가족은 모두 액자에서 걸어나온 사람들 같고, 그래서 너무나 비현실적이다. 스카이캐슬에서도 물론, 이질적인 존재다. 어쩌면 한국사회에서 이질적인 존재일지도 모른다. 그 가족은 입시에 올인하는 문화에서 한 발짝 벗어나 있고, 건강한 사회와 관용적인 부모를 꿈꾼다. 생태적인 삶을 구현하기 위해 식물을 키우고, 텃밭을 가꾼다. 대안적인 삶을 살아보려고 하는 거다. 그래서 이수임은 사사건건 다른 가족들의 삶에 개입하고, 틀렸다고 '지적질'을 한다.

아마도 이들 가족과 가장 비슷한 사람들이 대안학교나 홈스쿨을 전개하고 있는 운동적 시민들일 거다. 대안교육 운동을 하는 사람들의 이념을 우주네는 그대로 따른다. 다른 점이 있다면, 능력이 출중해서 돈과 명예는 물론, 스카이캐슬 입주권까지 획득하고 있다는 것. 게다가 아이는 입시에 올인하는 아이들 사이에서 출중한 성적을 기록하고 있다는 것. 스카이캐슬 사람들이 우주네를 무시하지 못하는 것은 우주가 공부를 잘하고 게다가 잘생기고 성격도 좋아, 모든 아이들이 좋아하기 때문이다.

이 가족이 좀 더 현실감이 있었다면 어떠했을까? 남편은 부인의 '정의로운 오지랖'에 과도하다며 제동을 걸었을지 모른다. 부인은 남편이 인술에 치중하다 병원에서 쫓겨날지 모른다고 잔소리를 했을지도 모른다. 그리고 결정적으로 우주는, 대안학교의 많은 아이들처럼, 다소는 무력한 아이로 뒤편에서 조용히 살아가고 있었을지도 모른다.

스카이캐슬의 아이들은 억눌려 있다. 하지만 강렬하다. 자신의 존재를 부모와의 대척점에 놓고, 부모를 넘어서기 위해서 노력한다. 이에 비해, 대안교육의 장에 있는 상당수의 아이들은 무력하다. 왜 그런가. 단적으로 말하자면, 인간은 저항을 통해 자기 정체성을 확인하기 때문이다. 부모는 부딪히고 뚫고 넘어가는 대상이다.

부모는 제도와 같은 존재다. 제도나 규범은 부모의 말을 통해 우리들 안에 스며들게 된다. 그것이 초자아다. 우리 내면에서 죄의식을 일으키는 이런 내면화된 규범들은 우리의 욕망과 늘 부딪힌다. 제도나 규범은 인간 사이를 조율하고 갈등을 해소하는 방안을 제공해주지만, 그것으로 사람이 행복할 수는 없다. 규범을 잘 지켜서 행복한 사람을 보았는가? 모범생은 부모의 목소리를 잘 따른 사람들이다. 그래서 재미가 없다.

대안교육을 지향하는 부모들은 아이들의 욕망을 잘 받아주려고 노력한다. 문제는 욕망이란 본디 '실체가 없다'

는 사실이다. 아이들은 부모가 원하는 것을 원하며, 부모의 욕망을 욕망한다. 연애와 같다. 사랑하는 사람에게 욕망하는 것은, 그 사람의 자신에 대한 사랑이다. 비어 있는 연쇄고리가 욕망의 본질이다. 그런데 대안교육의 부모들은 '욕망이 없다'한다. 자녀에게 "원하는 게 뭐냐"고 묻는다. 그러면 자녀는 당황한다. 꼭 그렇게 원하는 건, 원래 없기 때문이다. 부모가 시작 지점을 주어야 하는데, 그 공을 자녀에게 넘기는 것이다. 이런 이유로, 대안학교서 성장한 아이들은 아주 훌륭할 수도 있지만, 자칫 무력해지기 쉽다. 부모라는, '넘어설 기준'이 상실되었기 때문이다.

우주네 가족이 훌륭해 보임에도 불구하고 뭔가 기운이 빠져 보이는 것은 욕망의 삼각형이 사라져버린 진공, '우주' 속에 사는 가족처럼 보이기 때문이다. 아마도 사별한 부인과의 관계에서 황치영은 숱한 갈등을 겪었을지도 모른다. 얼핏 언급되는 아들의 '과거 전적'은 우주가 마음의 갈등을 겪고 나서, 공부를 하기로 마음먹은 아이임을 알려주기도 한다. 우주는 새엄마 이수임에게 반항을 했었고, 이수임은 연두가 아니라 우주로 인한 상처를 안고 살고 있을지도 모른다.

이런 입체적 관계가 없는 것은 물론이고, 스카이캐슬이라는 새로운 환경에의 적응 또한 아무런 문제가 없다. 우주네가 재미없는 이유는 모범생이 재미없는 이유와 같다. 규범과 당위가 온전히 그 집을 지배하고 있고, 그대로 산다. '이러저러해야 한다'는 당위는 우리가 추구하는 원리나 이념이지만 그것이 삶의 동력이 될 수는 없다.

삶은 훨씬 복잡하고, 너저분하고, 여러 이해가 충돌한다. 한서진도, 예서도, 차민혁과 진진희도 사건은 저마다의 입장과 연결되어 있으며, 그래서 사건이 진행되고 종결되면서 뭔가를 깨닫는다. 그런데 우주네는 모두가 그런 '입장'이 없다. 최초로 이수임에게서 인간의 목소리를 들을 수 있는 건, 우주가 감옥에 가고 나서다. 이수임은 오열하고, 분노하고, 좌절한다.

하지만 이런! 우주를 구하기 위한 행동은 하지 못한다. 다른 모든 일에 정의감을 불태웠건만, 정작 자기 아들 일에는 속수무책이다. 스카이캐슬의 모든 주민과도 결전을 불사했지만, 그건 원칙만 있으면 되는 일이었다. 구체적인 사람의 일처리에는 무감하다. 규범에서 걸어 나온 사람이기 때문이다.

결국 행위자 한서진이 살인사건의 증거자료를 경찰서에 제출하고 나서, 우주를 풀어주고 사과까지도 그들이 하고 나자, 우주네는 곧바로 화목한 가정으로 돌아간다. 마치 진공상태의 어떤 공간을 통과한 듯, 가족은 이전과 완벽하게 똑같다. 사과하는 부부에게 우주가 하는 말 역시 자기의 목소리가 아니다. "혜나가 어떻게 죽었는데"다.

우주 자신의 고통이나 분노는 오로지 혜나를 경유할 때에만 작동한다. 타인애(他人愛)의 끝판왕이다. 결국, 마지막 회에서 우주는 "혜나가 살아보지 못한 소중한 날"을 제대로 살기 위해 자퇴를 결심한다. 그의 말을 들어보자.

> "전 책상에 앉아서 공부만 하면 다 되는 줄 알았어요. 성적이 인생에서 제일 중요한 건 줄 알았어요. 근데 느닷없이 감옥에 갇히고 혜나가 순식간에 가버리니까 성적, 대학은 아무것도 아니란 걸 알았어요……. 눈 뜨면 거저 생기는 오늘은 혜나가 살아보지 못한 소중한 날이다. 이렇게 귀한 시

간을 내가 어떻게 살아야 하는지도 모른 채 성적 올리자고 문제나 풀 순 없어요."

역시! 우주는 평범한 지구인이 아니라 우주인이다. 혜나로 인해 감옥에 갇히고, 갖은 고초를 겪었으니 약간의 원망이 생길 법도 한데, 혜나에 대한 마음에는 조금의 흔들림도 없다. 이 정도면 우주의 온 인생은 혜나를 그리워하며 사는 데 바치더라도 의문스러울 것이 없다. 언제나 이상적이었던 이들 부모는 아들을 격려한다. 그리고 말한다. "그래. 우리는 너를 믿는다."

모범생들을 위한 일갈. 옳은 것, 당연한 것, 해야 하는 것은 마음울림이 없다. 힘겨움과 억울함과 고단함이 없으면 인생이 없다. 감동은 어려움이라는 언 땅을 뚫고 나오는 여린 잎을 볼 때 생긴다. 당연한 것이 당연하지 않은 상황, 그 괴로움을 있는 힘을 다해 벗어날 때, 감동이 온다. 손쉽게 이상적인 상태에 도달한 우주네 가족의 대화에 사람들이 감동하지 않는, 때로 허탈한 이유다.

생각을 조금 더 진전시켜보자. 앞서 말한 대로 우주는

속칭 '대안학교스러운' 아이다. 공부나 시험을 위해서가 아니라 그냥 공부가 재미있어서 하다 보니 전교 1등을 하는, 일종의 영재다. 그래서 자신에 대한 이해도도 높고, 소외도 덜하다. 그런 아이가 '공부만 하면 다 되는 줄' 알았다는 것도 설득력이 떨어지는 설정인데, 갑자기 '나를 찾겠다'는 선언을 하고 고등학교를 그만두다니. 고등학교는 누구에게도 소외를 일으키는 문제적인 제도인 것인가?

작가는 일반적인 입시 고통에 시달리는 아이들이 가지고 있는 정서를 그대로 우주에게 투영해서 "고등학교까지도 선택하도록 해주는 것이 부모의 관용이다"라고 말한다. 이렇게 되면 자퇴를 포함해서 모든 결정을 아이들 선택에 맡기는 측과 아이들을 입시에 시달리게 하는 측의 두 입장만 남는다. '학교 제도 속에서 스스로 결정하고 의미 있게 살고 있는 아이들'이라는 평범하지만 사회적으로 너무나 소중한 대안적 선택지가 오히려 사라지게 되는 것이다.

교육학적 상식을 동원해서 생각해보면 이렇다. 18세 이전의 아이들에게는 부모가 울타리를 쳐주고 그 안에서 뛰어 놀게 하는 것이 필요했다. 자율의 습관이 쉽게 길러지는 아이도 있지만 그런 경우는 드물며, 대개는 억지로라도 사회의 규칙을 몸에 익히며 커나간다. 훈육을 통해 자율적인 인간으로 커나가는 경우가 대다수다. '타율의 내면화 과정으로 자율이 생겨나는 것'이다. 적절한 안전감과 타율의 내면화는 평안한 마음으로 살아가기 위한 전제다.

그런데 우리 사회에서는 자율과 타율이 양극단에 서서 상호침투하지 못하고 있다. 타율은 체벌처럼 생각되고, 자율은 방임과 같은 것으로 느껴진다. 학교는 이런 이미지를 더 강화한다. 타율은 교사로부터의 엄벌이나 비난으로, 자율은 '자기 혼자' 학습하는 자율학습 같은 어떤 것처럼 보인다. 그래서 '타율-엄격함-공부-입시올인'의 짝과 '자율-느슨함-놀이-입시무관'의 완전히 잘못된 범주화가 생겨난다.

이수임이 스카이캐슬 엄마들에게 '원하는 것 아닌 과외는 시키지 않는다'는 말을 했을 때, 이는 후자의 입장을 말하는 것이다. 그런데 그 성과가 전교 1등이라면 이는 잘난 척일 수밖에 없다. 전자의 결과를 후자가 아무것도 안 한 상태에서 가로챈 것이기 때문이다. 따라서 많은 한국의 엄마들은 딜레마에 빠지게 된다. 자율을 선택하고 싶지만, 입시 실패는 일종의 공포이기 때문이다.

엄마들은 공부를 못하는 것은 사회적 낙오, 그리고 인생 실패로 이어진다는 공포를 가지고 산다. 사회가 그것을 줄여가기는커녕 확증해준다. 대기업과 중소기업의 임금격차는 대기업 평균 임금을 100%로 했을 때, 1993년 73.5%에서 2017년 55.8%로 악화되었다. 불과 24년 사이에 17.7% 포인트가 벌어진 것이다(경향신문, 2018년 5월 28일자). 대기업에서는 누구를 뽑는가? 명문대생이다. 이런 현실에 무감하게, 원래부터 입시에 무심했던 전교 1등 황우주는 또 다시 입시와 무관하게 유럽여행을 선택한다. 상황이 이러하니, 우주의 자퇴는 '있는 자들의 사치' 이상으로 받아들여지기가 어렵다.

이수임은 입시에 무너지는 아이들을 보고 외친다. "어떻게 가만히 있어?" 하지만 입시에 올인하느라 주변을 돌볼 여지가 없었던 수많은 입시엄마들 앞에서, 그녀의 외침은 공허하고, 우주의 높은 성적은 거리감을 한껏 넓힌다. 사람들은 "왜 남의 일에 끼어드느냐"라는 한서진의 말에 더 공감한다. 아주 냉정하게, 네티즌들은 이수임을 '계모'로 위치지음으로써 오히려 이수임을 이해한다.

"이수임. 좋은 사람이다. 그러나 절실함은 없다. 지 새끼가 없으니."

이렇게 해서, 안타깝지만 스카이캐슬은 대안 찾기를 포기한 채, '입시 : 방임', 혹은 '타율 : 자율'이라는 우리 사회의 잘못된 양극 구도로 다시 돌아갔다. 우주는 학원을 가지 않고 혼자 공부하는 것의 어려움을 드러내 수도 있었고, 새로운 협동의 코드를 만들고 실패하고 다시 도전하는 대안적인 학생이 될 수도 있었다. 엄마 이수임이 우주의 실패를 괴로움 속에 받아들이고, 그 가운데 타협 지점들을 모색했다면, 이수임네 집 커피숍과 같은 겉도는 결말 장면이 나오지는 않았을 것이다. 하지만 결국 그렇게 되지는 못했다. 대신 스카이캐슬은 껍데기 박수창, 강준상 혹은 우양우의 발언을 통해 종지부를 찍었다.

"이 빌어먹을 대한민국 교육 시스템을 우리가 바꿀 순 없잖아? 이 살벌한 시스템 속에서 우리 아들이 굳건히 버티게 사랑을 듬뿍듬뿍 주는 게 우리 몫이야."

"대학? 그거 아무것도 아니다. 근데 죄 없는 사람을 살인자로 몰았다는 죄책감. 그거는 평생을 가도 지워지지 않아. 애 인생에 왜 그런 짐을 지워줘?"

이수임의 가부장에로의 빙의. 그리고 그 빙의는 무리한, 그리고 설득력 없는 해결고리를 통해서 제시되었다. 바로 '건강가족'이다.

건강가족 콤플렉스

낮은 결혼율, 낮은 출산율, 높은 이혼율, 엄청난 교육열, 마마보이, 알파걸……. 다양하고 복잡한 문제를 가지고 있는 것이 한국사회 가족의 현실이다. 세상에는 불행한 가족이 훨씬 더 많다. 『안나 카레리나』의 '행복한 가정은 모두 모습이 비슷하고, 불행한 가정은 모두 제각각의 불행을 안고 있다'는 첫 문장이 말해주는 것은, 행복한 가족은 모든 조건을 다 갖춰야 행복하지만, 그 조건 중 한 가지만 부족해도 불행이 시작된다는 것이다.

스카이캐슬의 가족들은 탄탄한 직장과 부를 갖추고 있

고, 엄마들은 집에서 아이들을 돌본다. '행복한 가족'의 기본 조건을 갖추고 있는 셈이다. 이 드라마의 강점은 이런 행복한 가족의 구조 사이로 '입시욕망'이 스며들어 가족이 내파되는 과정을 치밀하게 그려내고 있다는 거다. 그래서 입시는 제도의 문제가 아니라, 가족의 문제이자 행복의 문제로 해석되고 논의되어야 하는 사안이 된다.

마지막 회, 드라마의 결말은 그간의 신중함과 치밀함, 무거움과 명민함을 단번에 날려버렸다. 네티즌들이 '드라마 작가가 납치된거다'라고 말할 정도로 허술하고 무책임했다. 하지만, 다른 차원에서 보자면 예기되었던 결말이기도 했다. 입시제도의 개혁을 통한 대안이 불가능하다면, 가족의 정상화가 답이 아니었겠는가. 문제는 가족들이 혜나의 죽음이라는 계층적인 제도가 파생한 엄청난 사건을 겪고 자기 자리로 돌아가는 과정이 지나치게 매끄럽게 가부장적이라는 점이다. 우리에게 익숙한 이 '가부장적 해결 방식'에 대해 조금 더 이야기해보자.

앞서 말한 대로, 스카이캐슬의 전경에는 엄마들이 있다. 자녀를 끔찍하게 사랑하고, 그래서 자신의 모든 것을 포기하고서라도 아이의 입시성공에 올인하는, 아니 정확하게 말하자면 자신의 모든 것이기 때문에 입시성공에 목숨을 거는 엄마들이다. 엄마라면 한 번쯤 고민해보았을 장면들이 여기저기서 펼쳐진다. 반면 아버지들은 후경화한다. 그들은 다소 코믹하다. 입시를 짊어진 가족이 무거움에 비해, 승진을 걸머멘 직장은 가볍다. 원장에서 인턴까지 직장의 모든 장면들에는 심각함이 없다.

그런데, 혜나 살인사건 이후 후경에 있던 아버지들이 전면에 배치된다. 계급적이고 계층적인 문제, 즉 경제적 하층의 미혼모라는 문제는 삭제되고, '혼외'관계만 부상한다. 혜나의 생부 강준상은 '딸을 죽인 아버지'라는 스스로에 대한 죄책감으로 모든 자리를 내려놓고 사퇴한다. 아이들을 입시기계가 되도록 밀어넣었던 차민혁은 아이들의 입시에서 완전히 손을 떼고 큰딸과 함께 댄스를 하며 설거지에 몰입한다. 강준상의 뒤에서 눈치만 보며 승진을 노리던 우양우조차 모형 피라미드로 호두를 깨어 부인과 아들의 입에 넣어준다. 이들은 이제, 입시가 전부가 아니라며 심지어 부인의 성적 걱정에 쐐기를 박는다.

도대체 무슨 일이 일어난 건가? 가장 손쉬운 해결책, 가부장의 귀환이다.

엄마들은 과도하게 아이들에게 신경을 쓰며, 사교육에 의존하여 한국 교육을 망치는 주범으로 오랫동안 비난받아왔다. 아버지들은 아이 교육에는 뒷짐진 채, 열심히 돈만 벌어오면 되는, 아이가 좋은 대학을 가면 부인에게 치하하는 그런 존재다.

강준상의 엄마 윤 여사가 반복해서 하는 말, 동시에 부인 한서진이 계속 되뇌는 말은 "그래. 예서만 서울의대 가면……"이다. 결과만 좋으면 모든 과정이 용서되는 그런 문화가 우리 안에 있다. 그리고 그 결과는 사회가, 그리고 그 사회의 대표인 아버지가 인정해준다.

그래서 엄마들은 죽을 힘을 다해 '결과'를 움켜쥐고자 한다. 입시의 성공! 거기까지만 하면 엄마는 엄마로서의 할일을 다 한 거다. 스카이캐슬이 주는 메시지는 '입시의 성공이 사실은 내면의 파괴를 동반한다는 것'이다. 감옥에 갇힌 김주영은 한 마디씩 힘주어 말한다.

"영재네 같은 비극이 생겨도 감수할 수 있겠냐고 물었을 때 '감수할 수 있다'고 대답한 건 너였어. 왜? 너한테는 그런 비극이 안 생길 거라고 교만했으니까. 왜? 네 자식을 최고로 만들겠다는 욕심이 눈을 가렸으니까. 왜? 영재네 비극은 그저 가슴 아픈 구경거리에 불과했으니까. 어머니와 전 다르다고 하셨습니까? 천만에요. 어머니와 전…… 똑같습니다."

면회실 가림막 유리창에 김주영과 한서진이 겹쳐지는 장면이야말로, 이 드라마의 의미를 분명하게 드러내주는 장면이다. 하지만 곧이어 살인사건이라는 범죄와, 입시성공이라고 하는 욕망의 연결선이 갑자기 붕괴된다. 한서진은 혜나와의 과거를 떠올리며 약간의 죄책감을 갖지만, 곧 털어버리고 다시 예서의 입시를 관리하고, 남편과 아이 걱정을 나눈다.

강준상: 이렇게 부대끼면서 좋은 부모가 되는 거지. 너무
걱정하지 마. 우리 예서는 나처럼 빈껍데기 같은

인생 안 살게 하려고 이러는 거야.

한서진: 내가 흔들릴 때마다 이런 얘기, 열 번이고 백 번이고 해줘야 돼요.

남편이 아버지로서의 제대로 된 입장을 가지는 순간, 입시욕망의 기차가 정지한다. 정상적인 가족으로의 복귀가 완결된 것이다. 그 완결점이란, 근 20년을 습관적으로 승진과 성공만을 추구하던 강준상이 교훈을 하달하는 지점이다. 삶의 지혜를 담뿍 담은, 깊은 내공의 지침. 가부장은 계기만 있으면 곧바로 이런 혜안을 가지게 되는 걸까. 문제 해결은 가부장이 할 수 있다는, 혹은 해야 한다는 가정이 우리 사회에 작동하고 있는 것인가.

힘없는 마마보이가 가부장으로 거듭나고 나니, 시어머니와 며느리의 관계도 급속하게 복원된다. 윤 여사의 대궐 같은 집에 무릎 꿇고 앉아 지시를 받던 며느리는 작은 일식집에서 나란히 앉아 곁눈으로 서로를 보며 대화를 나눈다. 아이를 서울의대 보냈더니 다 그만두고 만둣집을 하더라, 라는 시어머니의 탄식. 아범은 거기까지는 안 갈 거예요, 제가 잘 인도할게요, 라는 며느리의 대답. 그리고 시어머니가 넘기는 회 한 점. 미소로 받아 맛있게 먹는 며느리. 화해의 완성이다.

트라우마 수준의 상처가 생기고 나면, 그것을 회복하는 과정은 지난하고 힘겨운 법이다. 강준상이 집을 나가건, 윤 여사가 자살을 하건, 예서가 가출을 하건, 어떤 차원에서건, 가족은 내상을 입게 되어 있다. 그러나 강준상네 집은 말끔하다. 죄책감은 혜나 문상 한 번으로 마무리된다. 이렇게 되니 시청자들은 혜나가 너무나 불쌍한 거다. 혜나의 죽음은 예서의 가족을 건강가족으로 만들기 위한 소재 정도로 전락하게 되는 것이기 때문이다. 깊이 위로한다는 것은 무엇일까? 적어도 그건, 고통의 불길을 같이 건너는 마음가짐이다. 적어도 그건, 가족들이 위문공연하듯 납골당에 가서 묵념하는 건 아니다.

차 교수 역시 다른 방식으로 '건강가족'으로 완전하게 복귀한다. 부인 노승혜는 술에 파묻혀 사는 남편을 딱하다는 듯 내려다보고 있다. 술에 만취해 보낸 메시지에 아이들과 관련된 모든 지시를 거두겠다고 했기 때문이다. 차민혁은 놀라서 깨어 반쯤 걸쳐 있던 바지를 얼른 추켜올리고 노승혜에게 다가간다. 술 취해 보낸 메시지에는 이미 모든 조건을 수용하겠다는 말이 들어 있다. 집 나가서 행복했냐는 차민혁의 질문에 이어지는 노승혜의 대답은 엄마 노승혜와 아들 차민혁과의 대화에 다름 아니다.

"그럴 리가요. 당신 얼마나 힘들까 걱정돼서 죽는 줄 알았는데."

노승혜는 차민혁을 꼭 안아주면서 말한다. 차민혁은 아이처럼 운다. 사실, 차민혁의 유아스러움은 입시를 외쳐댈 때부터 드러났고, 그래서 노승혜의 엄마스러운 태도도 이해가 안 가는 바는 아니다. 하지만 전 과정에 차민혁의 자기반성은 없다. 딸에게 댄스를 배우라는 것도, 아이들에게 개입을 더 못하게 하는 것도, 모두 노승혜다. 마마보이의 엄마 자리에 노승혜가 있는 거다. 그러니 차민혁은 강준상보다 더 심각하다. 자신이 변형된 마마보이라는 사실도, 입시주문을 제외하면 어떤 결정도 할 수 없는 공허한 내면도, 직시하지 못하고 있으니 말이다.

그럼에도 불구하고 우리 스카이캐슬의 가부장의 자리, 문제해결의 꼭지점에는 차민혁이 있다. 그가 딸과 설거지할 때 노승혜는 바라보며 웃는다. 그가 댄스할 때 역시 부인은 뒤에서 웃고 있다. 아무리 내면이 공허하고 아동기를 벗어나지 못해도 행위를 하는 사람은 그, 차민혁인 것이다.

노승혜가 쓴 반성문을 보면, 차민혁의 폭력적인 언사는 20여년 지속되어왔던 것이고, 아이들에 대한 강압 역시 태어나면서 계속되어온 것이다. 그래서 그녀의 반성문은 단아하지만 처절하고, 이혼서류는 현실적으로 느껴졌다. '아지트를 가질 정도의 재력만 있다면, 저런 인간과 안 살지.' 아마 많은 시청자들의 태도였을 것이다. 그런데 노승혜는 마치 잠시 반성의 기회를 주고 돌아온 연인처럼 차민혁을 보듬는다. 왜? 건강가족에 대한 향념 때문이다.

건강가족에 대한 강박이 없었다면, 아마도 강준상네 집에는 큰 변화가 있었으리라. 아노미가 휩쓸고 간 가족의 처연함이 우울하게 한서진을 덮었으리라. 아마도 노승혜는 차민혁과 이혼하고, 아이들과 근근히 슬프지만 강단 있게 하루하루 살아갔으리라. 아마도 진진희는 우양우와 떠나는 이들을 바라보면서 다소 무겁게 제안했으리라. "여보, 우리도 스카이캐슬을 떠납시다."

드라마 내내 전면에 있던 엄마들이 나서서 문제해결을 했다면 어떠했을까. 그걸 위해서는 엄마들의 이중적 구속 상황, 즉 가정에서와 사회에서 입시의 책임자로 몰아가는 세태에 대한 풍자가 있어야 했을 것이다. 아버지들의 반성은 분명한 대상을 가져야 했고, 그런 반성을 경유해서 자신에 대한 각성이 이루어졌어야 했다. 하지만 어머니들의 반란도 없었고, 학교의 구조적인 변화도, 아버지들의 극적 반성도 없었다. 아버지의 영향력은 가족의 정상화로 이어졌고, 엄마들은 다시 가족의 연결고리로 축소되었다. 이것이 누군가가 '스카이캐슬 마지막 회 다시 찍어주세요'라는 청와대 청원까지 넣은 이유일 거다.

마지막 회에서 새로 입주한 치과의사 출신 전업주부가 우주네 집을 찾는다. 이수임, 진진희, 노승혜가 차를 마시다가 이 엄마를 맞는다.

"입시 코디네이터라고 들어보셨어요? 우리 첫째 애가 중1 인데 본격적으로 대학입시 준비 좀 해보려구요."

세 엄마는 동시에 웃음을 터뜨린다. 그리고 각자 얼마나 아이들이 공부를 안 하는지에 대해 이야기한다. 우리 아이는 고졸임, 우리 아이는 학원을 안 다님, 우리 아이는 원할 때만 학원 다님. 바로 이수임의 확대재생산이다. 겉보기엔 좋은 결말인데, 왠지 썩 마음 편하지가 않다. 설득력이 떨어지기 때문이다. 정말로 저 아이들이 잘살 수 있을까? 우주처럼, 특권적 위치에 있는 아이들이라 입시에 신경 안 써도 되는 건 아닐까? 이런 의문이 살며시 들기 때문이다.

스카이캐슬은 마치 이수임의 교육철학에 따라 변화된 것처럼 보이지만, 거기에는 어떤 근본적인 반성도, 가족의 변화도, 우울함도 없다. 살인사건이라는 극단적 사건을 겪고서야 도달한 결론인데 아이들을 이야기할 때, 아무런 아픔이 없다. 아, 이건 드라마였지. 다시 드라마의 허구로 들어가고, 현실에 대한 메시지는 사라진다.

건강가족으로 거듭난 가족들은 스스로 '옳음'을 이루어

냈다고 자축할지도 모르겠다. 입시에 허덕이는 사람들을 내려다보며 안쓰러워할지도 모르겠다. 그래서 마지막 회는 스카이캐슬에 열광하던 사람들에게 작은 내상을 입혔다. 건강가족이라는 손쉽고 어이없는 결말은, 교육제도의 건강한 개혁으로는 입시문제가 해결될 수 없다는 좌절감의 이면이기 때문이다. 대안학교, 탈학교, 홈스쿨링, 창의인재전형에서 학종까지의 입시제도의 변형 등 수많은 시도에도 불구하고, 교육제도 안의 어떤 변화도 성공적이지 못했다. 스카이캐슬 가족들은 가부장의 귀환으로 정상가족을 단번에 이루면서, 그간의 상처를 없었던 것으로 만들었고, 그래서 드라마 내내 입시의 상처를 조금씩 나눠 가졌던 시청자들은 허탈함이라는 또 다른 상처를 입고 말았다.

4

스카이캐슬, 너머

우리 사회에서 '스카이캐슬'은 입시를 향해 내달리는 가족의 아이콘이 되었다. 사람들은 스카이캐슬을 비난하지만, 동시에 부러워한다. 입시 성공이 아이들의 성취와 가족의 행복에 사실상 작용하고 있기 때문이다. 스카이캐슬식의 입시가 아이들을 성공으로 이끄는 것 아닐까? 스카이캐슬 드라마가 던진 메시지, 즉 스카이캐슬식의 입시의 끝에는 파국만이 존재한다는 생각이 정말 맞는 걸까? 이 두 질문 사이에서 사람들은 고뇌한다. 드라마에서 조금 더 나아가, 소통과 교육, 성장과 입시의 다이나믹을 살펴보자.

우리안의 괴물을 부르는 입시욕망

"사람은 못 될지언정 최소한 괴물은 되지 말아야지."

홍상수의 영화 「생활의 발견」에 반복해서 나오는 대사다. 당연한, 그리고 조금은 과도해 보이는 말이지만, 그 안에는 사뭇 철학적인 사유가 담겨 있다. 사람은 누구나 사람이 되기 위해 애쓰지만, 거기에 도달하기는 쉽지 않으며, 오히려 '최소한' 괴물이 되지 않기 위해 노력하는 것이 현실적이라는 인식을 담고 있기 때문이다. 이 말은 니체의 괴물에 대한 유명한 경구와 연결된다. '괴물과 싸우는 자는 그 괴물이 되지 않도록 조심해야 한다. 오랫동안 심연

을 들여다보면 그 심연 또한 너를 들여다보게 된다.'

그래서 괴물은 인간만이 될 수 있는 존재이다. '동물은 야수(beast)가 되지만, 인간은 괴물(monster)이 된다.' 괴물은 처음부터 괴물로 태어난 것이 아니라, 인간 내부의 어떤 악마성이 기묘하게 자라나 세상으로 나온 어떤 것, 그래서 일종의 '잠재적인 악마성'이 외현된 어떤 것이다. 김주영은 괴물이다. 그녀의 주제곡「마왕」은 우리 내부의 악마성이 작동하는 장면과 맞닿아 있다.

자기의 욕망이 과도해서 타인의 존재를 감각할 수 없을 때, 자기애가 너무 과도해서 타인을 인식하지 못할 때, 과도한 망상으로 상황을 뒤틀어 볼 때, 괴물이 탄생한다. 누구나 가지고 있는 욕망이 '타인이라는 방파제'를 갖지 못하고 확장될 때. 제방이 무너진다.

스카이캐슬은 입시가 괴물을 키울 수 있는 일종의 '타인 제거기'의 기능을 하고 있다는 것을 잘 보여준다. 입시는 코디의 논리를 따르되 부모를 반드시 경유하며, 우리 심연의 괴물들이 세상으로 뛰쳐나올 수 있도록 하는 문화적 기반으로 이미 충분히 작동하고 있다. 이것이 한국사회에서 입시를 단지 '제도'의 차원에서가 아니라 '정체성'의 문제로 해석해야 하는 이유이다.

입시는 불안을 무기로 부모의 사랑을 손쉽게 해체한다. 그것은 욕망과 손쉽게 결합한다. "전적으로 저를 믿으십시오"라는 코디의 말은 "당신 혹은 당신 자녀의 마음을 믿지 마십시오"라는 말이다. 아이들의 내면에는 관계나 사랑이 사라진다. 사랑은 사치다.

너무나 많은 부모들이 아이들의 미래에 대한 불안에 시달린다. "나만큼은 살아야 하지 않을까?" 게다가 이 부모들은 너무 똑똑하다. 똑똑한 엄마는 아이의 삶에 지나치게 개입하고, 마마보이와 마마걸로 아이의 마음을 식민화한다.

한국사회가 입시의 성패를 엄마에게서 찾으니, 이런 엄마들, 비난할 수 없다. 엄마들은 엄마임을 떠나, 코디의 수족으로 전락한다. 이 과정에서 아이들은 더 큰 꿈이나 더 큰 목표를 위해 살 수 있는 기회를 잃는다. 생존이 목적인데 꿈이라니. 성적을 더 잘 받고 입시에 성공하는 일에 자신이 삶이 저당잡히는 것이다.

입시의 성패에 인생을 완전히 걸었기 때문에, 그리고 성패를 가르는 입시의 문법에 완벽히 수긍하기 때문에, 거의 모든 아이들은 '패배자'의 마인드로 살아가게 된다.

"니가 공부 안 하니 그런 대접을 받는 거다."

수도 없이 들은 부모의 말들은 어느새 내면화되고, 아이들은 스스로를 비난한다. 왜 트위터 1위는 늘 '우리 예서'였을까? 예서가 공부만 하고, 다른 아이들에게 신경쓰지 않고, 영화 한 편 못 보는 감옥 같은 삶을 사는 것에 대해서는 당연시했던 수많은 사람들이 "예서 서울의대 보내달라"라는 트윗에 폭발적으로 반응한다. 여전히 입시 결과가 중요하기 때문이다.

부모가 자녀의 입시성공을 자기 욕망으로 가지고 있는 한, 아이는 거기서 벗어날 수 없다. 입시욕망에 포섭된 자녀는 다시 입시성공을 사회적 성공으로 대체하여, 강준상으로 병원장으로 나아갈 것이다. 병원장은? 다시 국회의원의 줄을 찾아 나선다.

입시가족의 영향력

스카이캐슬 가족들은 입시가족이다. 입시가족은 그 정체성이 입시에 있는 가족이다. 아이들이 입시를 위해 학원에 다니고, 부모는 아이들의 학원비를 벌거나 학원을 알아본다. 더 효율적인 학습법을 찾고, 더 높은 성적을 받으려 노력하는 가족. 그래서 결국 아이들이 불행해지는, 가정의 즐거움을 버린 가족. 그러나 입시가족은 그것보다 좀더 구조적이고 지대한 영향을 사회에 미친다. 바로 사회를 유지시키는 규범을 직접적으로 해체하고 있다는 점이다.

입시가족의 부모는 아이들에게 '입시를 위해서는 모든

것을 양보하마'라는 메시지를 던진다. 아이들이 다른 것을 안 하고 공부만 하게 하려면, 부모가 모범을 보여야 하는 것이다. 엄마가 다른 즐거움을 다 포기하고 아이를 위해 학원 정보를 모으고, 시험준비를 돕고, 라이딩을한다. 그러면서 던져지는 메시지는 '입시가 모든 것에 우선한다'는 것이다.

그런데 부모가 이렇게 입시라는 현실세계에서의 성공을 중시하면, 아이들이 자라는 과정에서 문제가 생기게 된다. 이드-에고-수퍼에고의 형성에서 부모는 아이들에게 수퍼에고를 갖게 하는 존재다. 수퍼에고는 초자아, 즉 자아를 통제하는 상위의 자아로, 사회구조를 위협하는 성충동과 공격충동을 통제하는 중요한 기능을 한다. '도덕적 태도와 양심, 죄의식을 나타내는 정신 기능'이라고도 불린다. 다시 말해, 내면에서 일어나는 다양한 욕구와 충동들에 대해 "그러면 안 된다"고 저지할 수 있는 힘이다.

그런데, 입시가족에서는 부모의 도덕적-윤리적 통제가 약화되거나 사라진다. 나서다 손해보지 말아라, 친구는 너의 경쟁자다, 불쌍한 사람 배려하지 마라, 자원봉사 점수는 엄마가 따주마……. 우리 사회에 익숙한 이런 말들은 그 자체도 민망하지만 부모가 절대로 해서는 안 되는 말들이다. 인간은 누구나 자기의 이익을 위해 노력하게 되어 있고, 그러다 보면 어쩔 수 없이 경쟁 속에서 타인을 제치고 올라서야 하는 상태가 되기도 한다. 하지만 그건 '어쩔 수 없는' 것이지, 의도적으로 그러한 것은 아니다.

입시가족에서는 부모가 아이를 제대로 키워낼 수가 없다. 입시에 성공하기 위해서는 '나만을 위해 살아라, 타인을 짓밟고라도 올라서라'를 가르쳐야 한다고 느낀다. 아이들은 그럼 어떻게 될까? 초자아의 자리에 권력욕이 들어서는 거다. 초자아의 자리에 이드가 들어서면 이런 결론이 나온다. "아, 부모가 바라는 건 이기는 것, 욕심을 부리는 것이구나."

이렇게 되면 에고는 이드와 초자아 사이에서 갈등하며 협상할 필요가 없다. 정상적이라면, 에고는 리비도로 충천한 에너지의 이드와 이를 통제하는 초자아 사이에서 계속 중재하면서 사회적 존재로 커나간다. 내가 먹고 싶지만, 이웃을 생각해야 하므로, 전체 양을 고려해서 조금씩 나눠

먹을 것을 제안하거나 내가 더 배가 고프다는 것을 알리고 설득해서 내가 좀 더 많이 먹을 수 있도록 협상해나간다. 탄력적인 자아는 이런 일을 잘 해나간다.

그러나, 초자아가 매우 약화되면, 에고는 이드를 정당화하는 역할만 수행하면 된다. 내가 더 많이 먹기 위해 모든 수단과 방법을 동원하고, 몇몇은 못 먹게 만들고, 내가 독식할 수 있도록 노력하게 된다. 다들 이런 입시가족에서 컸다면, 남는 것은 충동과 충동의 격돌이다. 만인의 만인에 대한 투쟁이 전개되는 것이다. 차 교수는 이미 이런 상황을 전제로 아이들을 키우고 있는 것이다.

정리하자면, 입시가족은 사회적으로 정의로운 것이 실종되도록 한다. 아이들은 자기 힘으로는 어쩔 수 없는 견고한 틀 안에 갇혀 있다고 느낀다. 경쟁과 생존의 법칙만이 관철되는 것이 사회라고 믿게 된다. 입시경쟁은 협력을 저해하고 생존본능은 사랑을 저지한다. 입시에 가족의 본질을 맡기게 되면, 사회는 살 만한 곳이 될 수가 없다. 공부를 잘하는 애들이 더 비열하고 왕따시키는 일진이 되는 거다. 입시가족이 극단화되면, 아마도 타인과 함께 살아가는 사회는 존립하기 어려워질 것이다.

어쩌면 지금이 마지막 기회인지도 모르겠다. 입시가 소득수준이나 지역적 차이에 관계없이 공정해야 한다는 생각도 점차 희미해지고 있다. 스카이캐슬의 뜨거움은 부모의 반향을 거쳐 교육부의 개입으로까지 나아가고 있다. 약간의 희망이 있다면 그것은, 입시를 보다 본격적으로 '아이들의 정체성'의 차원에서, 즉 '어떤 방식으로 아이들의 자아에 개입하는지'라는 관점에서 논의하고 작은 변화부터 일으키는 일일 것이다. 그런 차원에서 부모들에게 습관이 되어 있는 닦달에 대해 생각해보자.

스카이캐슬 부모의 소통 습관 : 닦달

스카이캐슬에서 부모들은 하나같이 아이들을 '닦달'한다. 한서진이 아이들과 가장 자주 같이 있는 공간은 자동차다. '로드매니저 엄마'라는 말을 그대로 보여주는 '차 모는 한서진'의 모습에는 시간관리와 동선관리를 책임지는 매니저의 포스가 가득하다. 한서진이 늘 던지는 이런 질문은, 우리에게도 익숙하다.

"뭐 하다가 이제 왔어?" "지금까지 뭐 했어?"

자가용으로 학원 앞까지 데려다주면서 촌음을 아껴 공부 시간을 벌어주었는데, 아이가 친구와 수다떨다 늦게 오다니! 더구나 자동차에서 기다리는 1분은 카페에서 10분보다도 길다. 움직이는 공간이기 때문이다. 당연히 가시 돋힌 말이 나간다. 자녀와의 관계가 사라진, '관리'의 멘트가 오간다. 이렇게, 우리 부모들은 자주 자녀를 닦달한다.

사전적으로 '닦달'은 1. '몰아대서 나무라거나 을러대는 것', '남을 단단히 윽박질러서 혼을 냄'이라고 정의되는데, 이어서 2. '물건을 손질하고 매만짐', '음식물로 쓸 것을 요리하기 좋게 다듬음'이기도 하다. 이 정의 안에는 두 가지 의미가 들어 있다.

1. 윽박지르거나 혼내거나 몰아대고 나무라는 것
2. 다듬거나 손질하거나 매만지는 것

다른 의미다. 그러나 자녀를 대할 때 이 둘은 서로 섞인다.

교육이라는 말도 그렇다. 교육 education은 라틴어 'educare'라는 말에서 나왔는데, 이는 '이끌어내다'는 뜻이다. 아이들이 내면에 가지고 있는 어떤 것을 이끌어낸다는 거다. 이런 정의는 쉽게 위에서 '음식물로 쓸 재료를 요리하기 좋게 다듬는 것'과 연결될 수 있다. 닦달과 교육이 연결되는 것이다. 교육은 2의 목적을 가지지만, 손쉽게 나무라거나 혼을 내는 1의 양태를 보이게 된다.

하이데거는 첫 번째 정의를 '닦달'로 보고, 이를 두 번째 정의인 '자연의 이용'과 구별한다. 예를 들면, 풍차나 물레방아는 '자연을 이용'하는 것이다. 바람이 불면, 거기에 풍차를 달아 수평적으로 움직이던 바람이 회전 운동을 하도록 하고, 거기에 톱니바퀴를 달아서 밀가루를 빻는 데 쓴다. 하이데거는 이런 방식이 '자연의 선한 활용법'이라고 보았다. 이것이 '좋은' 기술이다.

하지만 근대사회는 여기서 더 나아가 닦달을 한다. 석유를 파는 예를 보자. 석유를 얻으려면 유전을 파야 한다. 북해에서는 해저 유전을 파고, 캐나다에서는 오일샌드라고 해서 모래를 짠다. 수압을 이용해서 땅속에 물을 뿜어 거기서 배어나오는 것을 정제해서 셰일가스를 만들기도 한다. 석유를 위해서 온갖 자연을 쥐어짜는 것. 그것이 닦달이다.

교육은 닦달의 두 번째 정의에 해당되는 것, 즉 하이데거가 말한 '자연의 선한 이용'에 해당하는 개념과 맞닿아 있다. 닦달과 교육의 차이를 좀 더 명료히 하기 위해서는 '누가 주체인가'라는 점에 주의를 기울이면 된다. 닦달은 혼을 내거나 다듬는 주체가 부모나 선생과 같은 '기성세대'다. 길러내야 하는 방향과 목적이 있고, 그걸 대상인 아이들에게 대입하는 거다. "석유가 필요하다, 그러니까 모래에서 짜내자"와 같은 방식인 것이다.

아이들은 객체, 즉 대상일 따름이다. 아이들은 어른보다 몸도 작고, 힘도 약하다. 어른의 요구에 주눅이 들고, 그래서 어른이 시키는 대로 하게 된다. 때로는 자기 내면에 에너지가 전혀 없더라도 묵묵히 수용한다. '자아'를 대가로 지불하는 것이다.

이와 달리 교육은 아이들이 먼저 있고, 그 아이들이 본래 타고난 대로 잘 커나갈 수 있도록 옆에서 돕는 과정이니, 주체는 아이들이다. 아이들이 자기 내면에서 일어나는 욕구에 따라 현재의 할일과 미래의 희망을 선택하는 것이다. 부모나 교사는 아이들이 주체로서 자신의 삶을 설계하고 잘 살아나가도록 돕는 '조력자'일 뿐이다.

문제는, 아이들의 내면의 가능성이 무엇인지를 파악하기가 쉽지 않다는 사실이다. 어릴 때부터 뚜렷하게 자신의 성향이나 능력을 드러내는 아이들이 있다. 하지만 대부분의 아이들은 그렇지 못하다. 게다가 눈앞의 쾌락이 너무 많다. 게임을 좋아해서 거기에 식음을 전폐하고 매달린 아이를 보고 '주체로 잘살고 있다'고 말할 사람은 없을 것이다. 게임이 왜 문제일까? '가능성=잠재력'을 갉아먹는 놀이의 방식이기 때문이다.

아이들이 스스로 좋아하는 활동을 하되, 그 활동을 통해 잠재력을 키워나갈 때, 우리는 교육이 이루어지고 있다고 말할 수 있다. 야구를 하는 건, 공을 던지고, 게임의 룰을 익히고, 다른 아이들과 갈등하고 협상하는 과정을 통해 좀 더 큰 잠재력을 갖게 되기 때문에 교육적으로 의미 있는 것이다. 다시 말해서, 학습자가 재미나 즐거움을 느낀다고 해서, 그 활동이 곧 학습자 중심적인 활동, 아이들이 주체가 되는 활동은 아닌 거다. 교육은 근본적으로는 아이들의 잠재력을 키워나가는 과정인데, 아이들이 이걸 잘 판단하기는 어려운 것이다.

그래서 부모는 자꾸 '너의 미래를 위해서 내가 결정한다'는 생각을 하게 된다. 닦달을 하면서도 '다 널 위해서야'라고 최면을 거는 것이다. 스스로도 닦달이 아니라 교육을 하고 있다고 착각하기 쉽다.

가족 회복의 시작 지점

스카이캐슬에서 제대로 벗어나려면 부모는 자신의 소통 방식 가운데 '닦달'을 걷어내야 할 것이다. '닦달은 사람을 제대로 키우는 방법이 아니다'라는 명제를 믿고 되새겨야 한다. 그러나 그건 쉬운 일이 아니다. '시험을 잘 보도록 돕는다'는 현상은 같은데, 어떤 경우는 닦달이고 어떤 경우는 아니기 때문이다. 부모 스스로도 헷갈린다. 더구나 '공부깨나 했던' 부모들이 아이들에게 닦달하지 않기란 더욱 쉬운 일이 아니다. 스스로 닦달했던 많은 부모들은 속으로 이렇게 생각한다. '나는 더 힘든 상황에서도 해냈는데, 재

는 왜 못하는 거지?'

닦달의 그물을 벗어나려면 부모는 자신의 마음과 행동을 자주 되짚어보아야 한다. 더불어 아이의 상태를 아주 천천히, 면밀히 살펴보아야 한다. 그럴 때에만 자신의 행동이 풍차를 돌리려는 것인지, 모래를 쥐어짜는 것인지 판단할 수 있다. 내 욕심인지, 아이의 미래를 위한 것인지는 뒤섞이고, 판단이 잘 안 된다. 그래서 스스로를 되짚는 질문과 생각을 자주, 거의 매일, 해야 한다. 정말 어려운 일이다.

사회가 모두 용인하고 있는 습관이 닦달이니 변화는 더 어렵다. 거기서 벗어나려면 더 치열하게 성찰과 반성 작업을 해야 한다. 부모의 가르침이 결정적인 과오와 상처를 낳을 수 있고, 아이들의 자율성을 심각하게 침해할 수 있다는 것, 부모의 병리성 때문에 자기도 모르는 사이에 자식에 대한 항구적인 통제와 조작 상태를 지향할 수 있다는 점을 거듭 생각해야 한다.

여기서 유의해야 할 것은 '얼마나 엄격하냐'가 잣대가 아니라는 사실이다. 칭찬을 해주면 아이들의 자신감이 높아진다고 생각한다. 엄하게 하면 아이의 자존감이 떨어진다고들 한다. 하지만, 연구결과는 '칭찬은 아이에 따라 다르게 작용한다'이다. 자존감이 낮은 아이에게 과도한 칭찬을 하면, 아이는 도전감을 가지지 못하게 된다. 칭찬 자체를 더 받고자 쉬운 과제만 선택하게 되기 때문이다. 즉, 닦달이냐 칭찬이냐는 어떤 말을 하는가에 의해 결정되는 것이 아니다. 얼마나 세심하게 아이의 상태와 마음을 보고, 그에 적절한 조치를 취하는가의 문제다.

아이들이 판단하는 '좋은 교사와 좋은 부모' 역시 엄격함 여부와 거의 상관이 없다. 설문조사를 해보면, 좋은 교사의 유형은 하나로 모아지지 않는다. 아주 엄격한 교사에서 아주 자유로운 교사까지 다양한다. 핵심은 '이 선생님이 우리를 마음 깊이 위하고 있는가'이다. 부모도 마찬가지다. 아이의 마음을 잘 읽고, 잠재력이 활짝 피어날 수 있도록 지원하고 격려하고 때로 훈육하는 부모가 좋은 부모다.

많은 경우, 엄격한 것을 통제로, 통제를 닦달로 오해한다. 그러나 풍차를 돌리기 위한 노력이라면, 즉 아이들의 능력을 키워내기 위한 것이라면 더 엄격하고 어렵더라도 하도록 해야 한다. 없는 기름을 짜내는 것이라면, 아무리 편하고 쉬워도 해서는 안 된다. 다시 말해, 아이들이 자신의 힘을 인지하고 그 힘을 실현하면, 마치 달리기를 하면 자기 근육이 생기는 것처럼, 삶에서 힘을 가지고 살아갈 수 있다. 더 강하게 밀어붙여서 밀을 빻아야 할 때도 있다.

아무리 강하게 밀어붙여도, 그것이 닦달이라면 근육이 생기지 않는다. 소진되어 쓰러진다. 닦달은 결국 관계를 파탄시킨 채 실패할 가능성이 크고, 설사 성공적으로 아이들이 좋은 대학을 간다고 해도, 강준상처럼 자신의 목소리를 잃어버린 채 유아적으로 살아가게 될 가능성이 매우 크다. 이런 이유로, 부모가 세심하게 판별하고 그에 따라 아이들을 대할 필요가 있다.

닦달을 교육으로 믿고 사는 최면 상태에서 벗어나기 위해서는 아이의 상태를 객관적으로 기록해보아야 한다. 내 욕심도 쓰고, 아이의 행동도 쓰는 것이 좋다. 객관적인 자료로 놓고 보면 나의 판단이 의외로 아이를 무시한 채 나의 소망으로부터 시작된다는 점을 알 수 있게 된다. 그저 공부를 잘했을 뿐인데, 법조계가 딱 맞다고 생각하다거나, 수학을 싫어하는데 그건 아이가 제대로 공부할 기회가 없었기 때문이라고 믿어버리는 것이다. 부모 스스로의 왜곡된 믿음을 걷어내면 아이가 더 잘하고 더 행복해할 수 있는 일들이 눈에 들어오기 시작할 것이다.

희생심리 벗어나기

닦달에서 어떻게 벗어날 수 있을까? 가장 핵심적인 방법은 닦달의 이면에 있는 부모들의 희생심리를 버리는 것이다. '희생'은 '희생심리'와 다르다. 제3자가 볼 때 희생이라고 하더라도, 본인은 희생이라고 생각하지 않을 수 있기 때문이다. 어떤 활동을 하면서 '이것은 나의 희생이다'라고 자각한다면, 그것은 희생이 아니라 희생심리다. 많은 엄마들은 자녀를 키우면서 '나는 희생하고 있다'는 상실의 감정을 가지고 산다. 노승혜는 대학원 공부를 포기했고, 한서진은 모든 생활을 아이 중심으로 편성했다. 자기 생활이 없으니 상실감이나 허탈감이 찾아오는 건 당연하다. 희생의 감정은 반드시 보상심리로, 원망으로 되돌아온다.

사실, 우리는 교사로서, 변호사로서, 운전기사로서, 정치가로서, 노동자로서, 딸로서, 아들로서, 며느리로서 엄청나게 많은 '역할'들을 했고, 우리는 그 역할을 잘하는 것이 '자아실현'이라고 오해하며 자랐다. 직업이나 주어진 일을 잘해내는 것은 탄력적인 자아의 특성이기는 하지만, 그것이 자아를 실현하는 길은 아니다.

부모라는 존재는 '역할'이 아니다. 부모가 된다는 것은 특정한 시간에 특정한 업무를 하는 것이 아니다. 전 인격적인 차원에서 새로운 사회구성원을 키워내는 존재가 부모다. 그것이 역할로 축소되면, 아이들은 제대로 자라날 수 없다. 인격적 관계가 직업적 관계로 변형되어버리고, 이해관계가 작동하기 때문이다. 우리 사회에서 엄마들에게 '입시매니저'라는 역할을 부여하는 것은 사회를 망치자는 얘기다. 부모라는 존재는 아이들에게는 세계이고 우주인데, 이 중요한 타자들을 '입시매니저'라는 작고 뾰족한 역할로 축소시키기 때문이다.

문제는 부모됨이 '부모의 역할'로 등치되는 데 있다. 오히려 역할을 잘 수행하는 데 얽매이면, 자아를 희생해야 한다. 이런 점에서 한병철 교수가 말한 '피로사회'는 과도한 역할 수행을 위해 사회구성원들이 스스로를 끊임없이 착취하는 사회로, 그 안에서 자아의 성장은 불가능하다. 그 고리를 끊어야 즐거움이 생성된다. 부모도 마찬가지다. 직업도 아닌데, 부모는 특정한 역할을 하는 존재로 간주되고, 그 역할은 자아의 희생을 전제로 한다고 믿어진다. 그러나 부모가 된다는 것은 자신의 삶을 완성해가는 중요한 과정 중의 하나이다.

그래서 부모들은 이런 식의 변형에 대해 단호하게 저항해야 한다. 더불어 자신이 할 수 있는 방식으로 '부모됨'을 연습할 필요가 있다. 아버지 강준상, 어머니 한서진으로서 자기 스타일대로 아이들과의 관계를 맺어나가는 거다. 그것은 희생이 되어서는 안 된다. 희생하지 말고, 아이를 돌보는 자기 방식을 만들어보는 거다. 그건 '또 하나의 나'를 발견해가는 과정으로서, 쉽지 않은 일이다.

소통이 부재한 상태에서 소통을 회복하는 건 더 힘들다.

스카이캐슬의 마지막 회가 실망스러운 것은, 가족의 소통이 회복되는 그 지난함과 고단함이 조금도 나타나지 않았기 때문이다. 한서진은 마음이 힘들어 쓰러져야 마땅하고, 차 교수는 입시병에서 벗어나기 위해 적어도 몇 달은 앓아눕는 것이 당연하다. 강준상은 폐인이 되어 길거리를 떠돌법하고, 노승혜는 분노에 가득 차 적어도 두세 번은 더 가출해야 한다.

가족에서의 소통이 회복되려면, 부모가 힘들 때, "아, 나 힘들다" 이렇게 누군가에게라도 얘기할 수 있어야 한다. 아이들에게도 "나는 이런 부모다"라고 고백해야 한다. 자신의 욕망에 충실하면서 부모로서의 최소한의 도리를 흔쾌히 하는 과정에서 희생심리는 사라지는 것이다.

'엄친' 만들기

우리 사회에는 '엄친아'는 있는데 왜 '엄친'들은 없을까? 따지고 보면, 이전의 확대가족이 없어진 지금, 오히려 엄친, 즉 엄마친구들이 중요하다. 이모와 할머니, 삼촌과 큰아버지, 이웃집 아줌마와 같은 버퍼존(buffer zone, 완충지대)이 사라진 사회에서는, 엄마친구들, 아빠친구들이 함께 아이들을 돌봐야 한다. 멘토의 어원인 멘토르는 오디세우스의 친구로 오디세우스의 아들 텔레마코스를 아버지 대신 돌본다. 아버지에게 직접 하기 어려운 말, 불만이나 분노를 순화시켜 표출할 수 있는 고리가 바로 아빠친구, 엄마친구가 될 수 있고, 되어야 하는 것이다.

그래서 어른들이 함께 공부하고 성장하는 공동체가 중요하다. 지금은 부모가 아무리 닦달해도, 나아가 폭력을 휘두르거나 유기해도, 주변의 제동장치가 없고, 부모 자신도 하소연할 곳이 없다. 부모교육은 대부분 '학부모'교육, 즉 입시성공을 위한 교육이라고 여겨진다. 평생교육은 시간이 남는 성인들이 여가를 즐기는 것이라고 생각한다. 틀렸다. 부모교육은 역할이 아닌 존재로서 아이들과 관계를 맺어가는 주체가 되는 과정이고, 평생교육은 모든 성인이 학습자로서 자기를 바라보기 위한 노력을 말한다.

성인이 학습자가 되는 것이 우리 사회의 일상이 된다면, 성인인 부모들은 자기의 꿈에 주목하게 될 것이다. 그렇게 되면 아이들의 공부에 대해서도 다른 입장을 갖게 된다. 방송통신대의 주부 학생들 대부분은 "공부해보니 아이들에게 공부하란 소리를 안 하게 된다"고 말한다. 내면에서 시작되는 의지, 그리고 몰입이 없이는 공부가 불가능하다는 것을 새삼 깨닫기 때문이다.

핵가족의 방어벽은 너무 높아서, 문제를 느낀 부모가 찾아가는 곳은 결국 상담센터다. 하지만 상담센터에 수년 동안 계속 다닐 수 있는 경제력을 가진 가정은 극히 드물며, 상담센터 역시 하나의 기관일 뿐, 삶을 함께하는 공동체는 아니다. '한 아이를 키우려면 온 마을이 필요하다'는 말은 속담이 아니라 진리다.

나아가서, 잘 들여다보면, 한 아이를 키우면서 온 마을이 커나가는 것이기도 하다. 성미산 마을공동체의 경험을 되짚으면서, 한 활동가는 이렇게 말한다.

> (성미산 마을공동체를 만들 수 있었던) 힘은 어디서 왔을까. 나는 개인적으로 그 힘은 우리 아이가 보고 있다는 생각, 우리 아이들을 위한 일이라는 믿음, 그리고 그 과정에서 막연하기만 했던 자연과 생명의 가치를 위락 온몸으로 느끼게 되었기 때문이라 본다. ……우리 아이를 위해 함께 키우자는 마을공동체성도 커져갔던 것 같다.

부모는 아이를 잘 키우기 위해 스스로 성장해야 하고, 아이를 한 걸음 떨어져 돌볼 수 있는 친구를 두어야 하며,

마을을 바꿔 나가는 힘을 아이에게서 찾는다. 역할이 아닌 존재로서의 부모는, 아이들의 '가장 좋은 환경'이 아닐까.

자신 있게 모퉁이를 돌자!

'잘산다'는 것은 무엇일까? 하고자 하는 의지가 있고, 궁핍하지 않을 정도로 소유하고, 즐길 줄 알고, 유쾌함을 나눌 줄 아는 상태일 것이다. 그것은 고대의 철학자부터 현재에 이르기까지 인간의 선으로 꼽았던 '행복'을 구현하는 일이다. 즉, 행복한 상태를 유지하는 것이 잘사는 것이다. 이를 위해서는 두 가지 조건을 갖추어야 한다.

나는 좋은 사람이다.

나는 능력 있는 사람이다.

그런데, IMF 외환위기 이후 우리 사회는 '좋은 사람'의 이미지를 잃었다. '능력 있는 사람'만이 남았고, 능력은 밖으로 보이는 지표로 대체되었다. 일처리를 잘하는, 또는 경제력이 있는 사람이 되는 것이 필수고, 덕성을 갖춘 '좋은 사람'은 선택사항이 되었다. 일단은 생존하려니 능력부터 챙겨야 했다. 스펙쌓기가 일상화 되고, '좋은 사람'은 일종의 '무능한 사람'이 되어갔다. '우선 인간이 되어야지'라고 되뇌던 부모들은 이런 생존 앞에서 입을 다물었다.

입시성공은 능력 있는 사람이 되기 위한 조건이다. 첫 단추니 누구나 매달린다. 그러나 '좋은 사람'을 함께 추구하지 않으면 우리는 괴물이 된다. 우리는 스카이캐슬에서 다양한 좋은 사람들을 본다. 김주영과 이수임이라는 선과 악의 목소리는 사람들의 내면에서 들려오는 목소리다. 입시라는 열차는 김주영의 엔진으로 달리며, 따라서 열차에서 잠시라도 내려 그 속도와 방향을 보지 않으면, 그 열차를 세울 수 없다.

스카이캐슬에서 발생한 살인사건은, 우리가 입시열차에서 내리지 않을 때 도달할 상황에 대한 경고일 수 있다. 부모가 교육으로 착각하고 닦달을 해대고, 그 닦달에 아이들이 순응하고, 순응의 결과 아이들이 마음을 잃고, 마음 없는 사회가 타인을 밀어내면, 사회적 안전망은 결국 해체된다. 모두가 피해자가 된다. 오늘, 우리 집부터 새로운 코드를 만들어보자. 그것은 가만히 아이를 지켜보는 일 혹은 나의 내면의 소리를 듣는 일에서 시작될지도 모른다. 한강의 에세이 소설『흰』에 이런 말이 있다.

만일 삶이 직선으로 뻗어 있는 것이 아니라면, 어느 사이 그녀는 굽이진 모퉁이를 돌아간 자신을 발견할지도 모른다. 문득 뒤돌아본다 해도 그동안 자신이 겪은 어떤 것도 한눈에 보이지 않는 새로운 국면으로 접어들었다는 사실을 깨닫게 될지도 모른다. 그 길은 눈이나 서리 대신 연하고 끈덕진 연둣빛 봄풀로 덮여 있을지도 모른다.

예서가 선택한 길. 그 길은 처음으로 겪는 모퉁이일 것이다. 모퉁이를 돌 때, 예서의 이전 경험은 모두 사라지고 황량한 불안감이 밀려들지도 모른다. 어떠한 배려도, 어떠한 사색도 없던 예서가 선택한 새로운 길은, 처음에는 되돌아가는 것처럼 보이겠지만, 더 따뜻하고 더 포근할 것 같다. 예서가 선택한 길에, 끈덕지게 겨울을 뚫고 올라오는, 연하디 연한 푸릇한 봄풀이 가득하길. 자기 목소리를 가지고 살던 좀 더 많은 예빈이들이, 그들을 둘러싼 윤 여사들을 향해 당당함의 펀치를 날리길.

"그렇게 원하면 서울의대, 할머니가 가세요."

스카이캐슬, 그 허망한 천공의 성

SKY Castle을 번역하면? 천공의 성.

하늘을 떠다니는 성의 대표적인 이름은? 라퓨타.

미야자키 하야오를 아는 사람들은 아름다운 애니메이션「천공의 성 라퓨타」를 기억할 것이다. 전설처럼 내려오는, 하늘을 떠다니는 성 라퓨타. 라퓨타를 지키고자 하는 시타-파즈, 그리고 비행석(飛行石)으로 세계 정복을 꿈꾸는 무스카 일당의 싸움이 전개되는, 사람과 기계와 자연의 갈등과 조화의 삼중주. 결국 시타와 파즈는 무스카로부터 라퓨타를 구하기 위해 비행석 파괴의 주문을 외우고, 결국 라퓨타는 점점 더 높이 하늘로 떠올라 사라진다. 천국과 같은 공간이 인간계를 버리고 천공으로 날아오른 것이다.

스카이캐슬.

세상의 꼭대기 혹은 입시의 목표처럼 언급되는 SKY에 존재하는 성채. 평범한 사람은 범접할 수 없는 공간에, 선택된 사람들이 살고 있다. 최고의 코디를 고용해 입시에 성공하고자 하는 '아갈미향'과 입시보다는 인간다움을 지키려는 '탄산수임'의 투쟁이 전개되는 성. 여기서는 입시와 가족과 성공의 삼중주가 연주된다.

스카이캐슬의 인물들은 의사지만 재벌처럼 살고, 교수지만 단거리 경주마처럼 달린다. 최상층의 부를 가진 것처럼 보이지만 입시에 대한 집착은 강박적이다. 재벌의 공간에서 살지만, 재벌이라면 별로 괘념치 않을 걱정이 가득하다. 이들은 '내 자식도 나만큼은 살아야 할 텐데……'라는 불안을 늘상 입에 달고 산다. 재벌의 생활을 볼거리로 제공하면서 중산층이 가진 입시강박을 절묘하게 결합해놓은 공간이 스카이캐슬이다.

스카이캐슬에서 우리는 우리가 거쳐온, 혹은 아이들을 몰아넣는 입시를 본다. 어릴 적 여러 경험과 즐거움, 어려움과 잘잘못들을 떠올린다. 그런 기억들 사이로 모든 것을 뒤엎어버리는 가장 강력한 힘이 입시다. 그저 행복을 추구했을 뿐인데, 입시의 법칙이 작동하자 모두가 피폐해진다. 영재 엄마는 스스로 목숨을 끊으며, 차 교수네는 이혼 위기를 맞고, 예서 엄마는 몰락의 공포에 떤다.

우리가 스카이캐슬을 계속 볼 수밖에 없었던 건, 그렇게 스카이를 향해 달리던 가족들이 그 캐슬의 법칙을 정면에서 거부하거나, 거기서 멋지게 벗어나는 장면을 보고 싶다는 소망 때문이었을지도 모른다. 인간의 싸움으로 인해 결국 모든 인간을 제거하고 하늘로 떠올라버린 천공의 성 라퓨타에서처럼 말이다. 라퓨타의 주인공 시타는 말한다.

라퓨타 사람들은 깨달은 거야. 아무리 뛰어난 과학을 가지고 하늘 위에 떠 있어도 땅에 발붙이고 살지 않으면 결국 망한다는 것을.

하지만 스카이캐슬은 그런 결말을 보여주지 못했다. 드라마는 일상으로 가져올 만한 작은 희망이 아니라 가부장적 '정상가족'의 허탈함 속에 끝났다. '악의 축' 김주영은 감옥에 갇히고, 스카이캐슬은 갑자기 각성한 착한 부모들의 웃음이 퍼지는 실현 불가능한 성으로 사라진다. 이를 두고 혹자는 차라리 '최고의 결말'이라 평하기도 했다. 입시제도 개혁의 그 어떤 시도도 실패할 수밖에 없는 것이 대한민국의 현실이기 때문이다. 그래서 오히려, 시타의 말을 교훈 삼아 드라마의 마지막 회를 땅에 발붙이는 첫 회로 삼을 수 있을 것도 같다. 입시욕망의 스카이캐슬이 우리의 교육 이야기로 나아가기를, 그리고 이 책이 그 시작이 되기를 기대한다.

다른 결과물과 마찬가지로, 여러 힘들이 모여 책의 꼴을 갖출 수 있었다. 트위터 상황을 알려준 막내 혜진이가 아니었으면 이 책은 시작되지 못했을 것이다. 대중서를 써야 한다고 밀어붙인 큰딸 수영이가 아니었으면, 글은 책이 될 수 없었을 것이다. 남편의 세세한 코멘트 덕분에 생경한 영역의 책이 모양새를 갖출 수 있었다. 김애니, 이희승은 젊은 감수성으로 추가할 내용을 짚어주었다. 하심 친구들의 격려 덕분에 '쉬운 책'이라는 어려운 과제에 도전할 수 있었다. 정성스럽게 책을 만들어준 올림 식구들에게도 특별한 감사의 인사를 전한다.

각주

1 물에 비친 자신의 모습에 반해서 물에 빠져 죽었다는 그리스 신화에 나오는 나르키소스의 이름을 따서 만들어진 용어로, 프로이트에 의해 심리학의 핵심개념으로 부상하였다. 그에 따르면 인간의 성적 에너지인 리비도는 외부세계나 타자를 향할 수도 있지만, 자신을 향할 수도 있는데, 나르시시즘은 후자의 경우에 해당한다. 나르시시즘은 자아를 중심으로 세상을 조망하고 해석하는 자아중심주의와 달리, 성애적 감정을 자신에게 투여한다. 임상의학적으로는 성격장애의 한 유형으로 이 개념을 사용하기도 하는데, 자신에 대한 과도한 긍정과 과대평가 속에서, 타자의 숭배를 당연시하거나 강요하게 되기 때문이다. 나르시스트들은 자기는 누구보다 중요한 존재이기 때문에 특별한 대우를 받아야 한다고 믿거나, 다른 사람이 자기를 위해 충성을 바쳐야 한다고 보기 때문에, 타인에게 착취적이 되기 쉽다.

2 아비투스는 습관을 뜻하는 라틴어인데, 프랑스 사회학자 피에르 부르디외(1930-2002)에 의해서 학문적 개념으로 사용

되었다. 그것이 뜻하는 바는 어떤 개인이 가진 삶의 다양한 영역에서의 나타나는 인지와 실천 성향의 모음이다. 예컨대 우리는 어떤 음식을 좋아한다. 그리고 우리가 좋아하는 음식을 친밀한 집단과 공유한다. 나의 취향은 내가 속한 사회집단에서 당연하게 받아들여지며 나는 그 속에서 나의 취향을 매우 자연스러운 것으로 인식한다. 그런 취향이 나의 음식에 대한 아비투스인데, 같은 방식으로 우리는 운동, 음악, 주택, 자동차, 박물관, 책 같은 취향은 물론이고 사교적인 태도와 집단 선호에 이르는 삶의 거의 모든 영역에서 아비투스가 형성된다. 부르디외는 이런 '전반적인 성향'이 사회적 계급에 따라 다르다고 보았다. 즉, 사회적 지위와 개인이 속한 사회구조에 따라 아비투스가 다르며, 그렇게 서로 다른 아비투스 사이에는 갈등과 경쟁이 존재한다.

3 「설국열차」는 우리나라에는 영화로 알려져 있으나, 이 영화는 장 마르크 로셰트와 자크 로브의 동명의 프랑스 만화 『설국열차』(Le Transperceneige)를 원작으로 한다. 계급별 극단

적인 차별과 대립, 투쟁을 기차로 훌륭하게 상징화한 작품이다. '설국열차'는 기상이변으로 얼어붙은 지구에서 살아남은 사람들을 싣고 파국을 향해 끝도 없이 달리는 기차를 말한다.

4 1879년 노르웨이의 극작가 입센에 의해 발표된 희곡. 세 아이의 어머니이자 사랑받는 아내 노라는 의도치 않은 사건에 휘말리면서 남편이 자신을 하나의 '인간'이 아닌 '인형'으로만 보고 있다는 사실을 깨닫게 되고, 결국 집을 나온다. 새로운 여성상을 제시했다는 점에서 『인형의 집』은 페미니즘 시대를 연 대표적인 작품으로 평가되고 있다.

5 프로이트가 창안한 정신분석학의 핵심 용어로서, 일상적인 언어로 보자면 본능이나 충동 정도에 해당한다. 프로이트는 본래 독일어에서 '그것'을 가리키는 Es를 사용했는데, 그 이유는 그런 본능적 충동이 자신의 내부에서 나오는 것인데도 불구하고 자아의 관점에서는 낯선 외적 힘처럼 느껴진다는 것을 드러내기 위해서였다. 그런데 프로이트의 저술이 영역

될 때, Es에 해당하는 영어 It 대신에 같은 뜻인 라틴어 이드(Id)로 번역됐다. 우리나라에서는 인간의 타고난 생체 에너지와 쾌감 추구의 본능을 뜻하는 원초적 자아라는 의미에서 원초아(原初我)라고도 번역되기도 한다. 이드는 자아(自我), 초자아(超自我)와 함께 인간의 정신의 근간이 되는 요소이며, 초자아 형성의 토대가 되는 에너지가 되기도 한다. 초자아가 우리를 두렵게 하는 힘을 가진 이유는 그 원천이 이드로부터 연원하는 것이기도 하기 때문이다.

6 인간의 행위를 규제하는 공통의 가치나 도덕적 기준이 상실되면, 사회구성원들이 불안정해지고 욕구 통제능력을 상실하게 된다. 아노미는 이런 무규범 상태를 지칭한다. 아노미 상태에 빠지면 사람들의 생활은 방향 상실감, 무절제 그리고 공허감이나 격앙 상태에 빠지게 된다. 그에 따라 일상의 현실감이 취약해지고 우울증에 빠지기 쉬워져서 자살 경향도 증대한다.

참고문헌

김현주 (2013).『입시 가족: 중산층 가족의 입시 사용법』, 새물결.

노버트 엘리아스(2001).『매너의 역사: 문명화 과정 1』, 유희수 역, 신서원.

리베카 솔닛(2015).『남자들은 자꾸 나를 가르치려 든다』, 김명남 역, 창비

베이트슨(2006).『마음의 생태학』, 박대식 역, 책세상.

브루스 핑크(2002).『라캉과 정신의학』, 맹정현 역, 민음사.

성미산학교(2010).『성미산학교의 마을만들기: 마을학교』, 교육공동체벗.

스즈키 고타로(2010).『무서운 심리학』, 홍성민 역, 뜨인돌.

오찬호(2013).『우리는 차별에 찬성합니다』, 개마고원.

이훈구(2001).『미안하다고 말하기가 그렇게 어려웠나요』, 자음과모음.

정민승(2017).『입시는 어떻게 괴물을 만드는가: 입시욕망의 구조에 대한 성찰』,『교육비평』41호.

조지 허버트 미드(2010).『정신, 자아, 사회』, 나은영 역, 한길사.

존 브레드쇼(2006).『가족』, 오제은 역, 학지사.

피에르 부르디외(2005).『구별짓기: 문화와 취향의 사회학 1, 2』, 최종철 역. 새물결.

한강(2016).『흰』, 난다.